14인의 동인집

성주산 울림

제 5 호

14인의 동인집

김영종 김춘희 이연순 오치인 서경옥
손남수 한경희 신승환 최옥순 신현숙
이정석 배윤희 홍성수 최양희

도서출판 한내문학

■ 發刊詩

위대한 행진

-성주산 제5호에 부쳐-

발행인 : 최 양 희

현세의 지성들이 한뜻으로
누구에게나 가까이 전해지는
정겨운 울림소리를 내었습니다

가장 아름다운 저 공간에서
넉넉한 서정의 큰 북소리로
이 어여쁜 시 꽃을 피웠습니다

하늘과 땅 문을 열고 출현한
다정하고 진실한 우리 형제들
위대한 행진으로 이어 갑니다

시인 김 영 종

시인 김 춘 희

시인 이 연 순

시인 오 치 인

혜우 서 경 옥

精山 손 남 수

素雲 한 경 희

시인 신 승 환

菊亭 최 옥 순

정윤 신 현 숙

청송 이 정 석

덕향 배 윤 희

無影 홍 성 수

병철 최 양 희

김영종

(시인)

재주를 다양하게 갖춘 시인

우리의 인연은 결코 우연의 일치가 아니었다.

김영종 시인은 수십 년간 어느 건설회사의 막중한 리더역할을 담당해 온 건축가로서 어디에도 막힘없이 실력발휘를 하는 큰 재주꾼이었다. 그래서 김 시인을 알게 됐지만, 필자가 만난 사람들 중에서도 가장 눈에 띄도록 〈재주를 다양하게 갖춘 시인〉이라는 점에서 더욱 호감을 가졌던 것이다.

앞서 말한 바와 같이 김 시인은 음악과 노래와 기타연주의 대가였다. 이렇게 다방면으로 뛰어난 그 재능 속에서도 가장 발달된 것이 문학이었다. 헌데 김 시인이 시작(詩作)한 지 얼마 만에 대량의 작품을 생산하고 있다. 얼마나 재산이 넉넉했으면 그리 많이도 퍼낼 수 있단 말인가?

시 본문 〈그대 향한 사랑 = 내가 기뻐할 수 있는 것은/ 당신에게 줄 있기 때문입니다// 내가 힘이 나는 것은/ 당신을 지키기 때문입니다// 〈중략〉 내 삶이 행복한 이유는/ 당신을 사랑하기 때문입니다〉

김 시인은 부닥친 현실을 빨리 헤쳐 나가는 능력가로서 시상도 잡으려고 맘먹으면 애먹지 않고도 금방 잡아내는 시인이다.

일찍이 청년 시절부터 문학에 눈을 뜬 김영종 시인의 시는 어느 곳 하나 손댈 수 없을 만큼 완벽에 가깝다. 여기 서정의 종소리가 울리는 위 시에도, 인간애의 정감이 짜르르 흐른다.

김 시인의 시가 바로, 사랑과 연계된 문학의 끈으로 하여금 진정한 인연들이 계속 이어나갈 것이다. -〈문학평론가 최양희〉

- 한양대학교 건축공학과 졸업
- 대전 한남대학교 근무
- 현) 서해개발 전무이사
- 사단법인 한내문학 시 등단 신인상 수상
- 사단법인 한내문학 회장

반 지

김 영 종

너와 나 작은 손가락에
나를 담고 너를 담아
항상 같이 하자고
노란빛으로 약속했지

어두울 땐 등불 되고
비 올 땐 우산 되어
어디에나 같이 가자고
동그라미로 약속했지

영원히 변치 않는
소중한 사랑

굵어진 마디로
빠지지 않을 때까지
지켜 가자고……

그대 향한 사랑

김 영 종

내가 기뻐할 수 있는 것은
당신에게 줄 수 있기 때문입니다

내가 힘이 나는 것은
당신을 지키기 때문입니다

가는 길이 외롭지 않음은
동행하는 당신이 있기 때문입니다

내 삶이 행복한 이유는
당신을 사랑하기 때문입니다

코스모스

김 영 종

투명한 수채화 옷감으로
여덟 잎 옷 해 입고
가녀린 목으로 고개 숙여
벌 나비에게 인사 한다

부드러운 산들바람
가는 가지 휘감으니
모두가 나를 반길 새라
기분이 너무 좋아

구경 나온 사람들
벌과 함께 입 맞추고
가을이 나와 함께 동행하니
금년이 행복이로다

가을이 가는 소리

김 영 종

어제부터 외로워 한 바람이
색 바랜 갈대숲을 흔들며
듣기조차 슬프게 지나갑니다

늦은 오후 햇살을 즐기던 감은
힘없이 떨어지는 낙엽소리를
이별가처럼 가슴 아프게 듣고

생명 다해 가는 숨찬 가을소리를
그나마 변함없는 소나무만이
안타까이 들어줍니다

구름은 바람과 함께

김 영 종

나를 사랑하고 있던
따스한 님의 품은
어느새 사라지고

저 산 너머 희미하던
회색의 파도가
운명을 타고 밀려와
내 님을 앗아 갔네

보였으나 떠나가고
가까이 온 것은
바람에 실려 온 구름

기다리는 마음도
차라리
바람과 함께
운명에 맡기리

깊은 밤에

김 영 종

백색의 벽에
바위 같은 침묵이
천장에서 내려오고
강물 같은 생각이
감은 눈에 파고 드네

지난 것은 미련을 내리자고
후회 같은 건 하지 말자고
지샌 밤마다 다짐했건만

내동댕이쳤던
고단했던 기억은
모래를 적시듯 밀려오는
바닷가 들물처럼
깊은 밤을 덮고 있네

어부의 노래

김 영 종

먼동의 파도여 장단을 맞추어라
어기야 디야 내가 나가신다

뱃머리 앉아있는 갈매기 놈아
날 따라 노래 않고 무얼 하느냐
내 배가 만선돼도 멸치 한 줌 없느니라

자빠진 돛대 다 갈라지고
닳아빠진 삿대 구불거려도
에헤야 오늘은 전어로 채우고
디헤야 내일은 꽃게로 채우리라

툴툴거리던 내 마누라
감춰둔 술병 꺼내들고
해 지기 기다린다

북소리

김 영 종

땅이 우르르 흔들리더니
화산이 폭발하고
용암이 솟구쳐 올라
산천초목이 떤다

천리 밖까지 호령하는
장수의 포효에
수십만 적군이
땅 속으로 숨었다

반도의 용맹한 아들이
수만리 타국에서
찢어지게 친 북소리는

두고 두고
대양을 흔드는
폭풍과 파도로
내 곁에 얼씬하지 못하리라

비발디의 봄

김 영 종

명주실 아지랑이
잔디위로 수놓고
하늘 높이 종달새 소리
새싹 위로 떨어지네

쏟아진 봄 햇살에
민들레 얼굴 내밀면
자태 뽐내던 흰나비
부끄러워 나래 접네

달래 캐던 봄 처녀
마음이 하도 싱숭생숭하여
칭얼거리며 노래 부르다
저도 몰래 사르르 잠이 들었네

김춘희

(시인)

새로운 열정으로 물결치는 시인

뭐니 뭐니 해도 농사꾼은 풍년들어야 기분 좋은 법, 농부가 농사지으려면 절실히 요구되는 것 또한, 토양과 물과 걸음인데, 특히 기후조건, 즉- 환경이 좋아야 한다. 여기 김춘희 시인은 그러한 여건 속에서 알곡을 차곡차곡 곡창에 쌓아놓고 있었다. 시인이 얼마나 농사를 잘 지었으면 곡창에는 아직 숨도 안 쉰 잡곡들이 수북했는데, 이제 그 창고 안에서 한 섬씩 한 섬씩 꺼내 쓰려 맘먹고, 어렵사리 그 곡창 문을 살짝 열게 됐다.

시 본문 〈백마강 노을 = 구름이 달이 되고/ 달이 구름 되어/ 방울방울 맺은 이슬/ 거미는 거미줄에/ 가을을 읊어본다// 천지를 붉게 수놓으니/ 가슴 뒤 안뜰에 숨었던/ 심장이 불끈불끈 튀어나와/ 노을에 해도 품는 백마강을/ 내 품으로 끌어안는다〉

백제의 상징 백마강이라. 구름이 달이 되고, 달이 구름 된다? 은유의 묘사가 어쩜 그리도 자연스러울 수 있단 말인가? 참으로 가슴 뿌듯한 노래다. 대부분의 시인들은 반복되는 시어의 특징과 의도적인 수법으로 시를 쓰지만, 여기 김 시인은 달리 순수한 그대로를 좋아하는 타입이다

김 시인은 평소 사회활동이 두드러지지만, 그중 자기 취향에 맞는 운동과 체육심판관으로 뽑혀 다니는 여장부로 널리 알려졌다. 그런데 운동보다도 시인이란 금관을 씀으로써, 이젠 가슴속의 알곡들을 서서히 꺼내놓고 〈새로운 열정으로 물결치는 시인〉으로 뜨고 있는 중이다.

-〈문학평론가 최양희〉

- 노년신문 기자
- 부여군 생활체육 이사. 여성회장
- 부여군 게이트볼 사무국장
- 게이트볼 1급 심판
- 사단법인 한내문학 시 등단 시인상 수상
- (사) 한국문인협회 회원
- (사) 한내문학 회원
- 부여시낭송회 회원
- 〈한국시 대사전〉 수록

술손님

김 춘 희

가을을 부르는 빗소리에
귀뚜라미 날개 세우고

창문 사이로 새어나오는 불빛에
귓구멍 넓히면

건너 술집 손님들은 시간이
깊어 가는 줄 모르고

세월 깨는 소리에 난 커튼 안에 잠기어
까만 밤을 지새우네

살생부

김 춘 희

부지런함에
새벽이슬에 집을 짓고
먹이를 사냥하는 너

내 집 대문에 둥지를 트니
들어오는 손님 얼굴에 그림 그리고
머리엔 망사 족두리를 씌워주고
하얀 모시옷에 줄무늬 수 놓아주는
부지런한 너

하지만 난
아침에 긴 빗자루로 틀어놓은 둥지를
쓸고 또 쓰는 제거 반장이고
넌 또 건축 공사하는
거미집 잘 짓는 거미건축사

나는 마음속으로
살생부에 첫 번째로 적어 놓는다
거미 너를!

느티나무

김 춘 희

정자나무 그늘 아래
세월 가는 줄 모르고

나그네 발길 천년
세월 안에 잠시 쉬어 가노라니

나 언제 그리 많은
세파 속에 묻어

오늘도
이름 모를 속세를
묵묵히 기다리고 있네

바 람

김 춘 희

간질 간질 간지럼 피우며
창문으로 살짝 들어오는 바람

푹 푹 찌던 바람도
어느덧 가을을 안아다 주고

바람이 별님과 이불속으로 파고들어
치마폭으로 가득히 감싸

내 님께 전해 달라고
달님에게 부탁해야지

가을 이 바람을......

백마강 노을

김 춘 희

구름이 달이 되고
달이 구름 되어
방울방울 맺은 이슬
거미는 거미줄에
가을을 읊어본다

천지를 붉게 수놓으니
가슴 뒤 안뜰에 숨었던
심장이 불끈불끈 튀어나와
노을에 해도 품는 백마강을
내 품으로 끌어안는다

새가 되고 싶은 생각

김 춘 희

소금꽃 옹기종기 모이니
바닷가 조약돌 같고

참나무 불꽃놀이에
향기로 가득한 한증막

쭈르룩~ 흘러내리는 땀방울이
커다란 호수 만드니

무리 지어 군무를 연출하는
가창오리처럼 나도

귀털같이 가벼운 몸 돼
새가 되어 한증막을 날은다

가신 님 선물

김 춘 희

시간 흐름에 따라
더욱 향기를 뿜으며
자태가 아름다워라

아버지 사위 사랑
묵묵히 지켜온 삼십 년
아무런 바램도 없어라

한결 같은 마음으로
익어가는 색깔이
끈끈한 한민족 같아라

인삼주의 노오란 색
가신 님 숨결 묻어 있어
안개처럼 아련히 떠오르는

아버지가
한없이 그리워라

* 아버지가 사위 술 좋아한다고 삼십 년 전에 선물하신
인삼주를 보면서

달 빛

김 춘 희

또르록 또르록
별을 굴리며
쏘오옥 들어오는 달빛

한 장 한 장 넘기는
책 소리에
꽉 차오는 가을 소리

깊은 밤인 줄도 모르고
곱디고운 달빛에
춤을 추는 거미

두근거리는 심장 속에
님 살짝
오셔 옆에 눕게 하는 달빛

명천 폭포

김 춘 희

하늘과 맞닿아
신선이 타고 내려온 물길

폭포수에 옷자락
적셔오니 선녀 보이고

풀벌레며 새소리가
울려 퍼지는 심산계곡

굴뚝에 연기가 기둥 세워
메아리 되어 날으니

기도처 움집 부뚜막에
다람쥐가 영혼을 비네

이연순

(시인)

예쁜 꽃을 한 다발씩 선물하는 시인

시 본문 〈농사 = 땅을 엎고/ 씨앗 뿌리고 거름을 주며/ 하늘에게 기도를 한다// 〈중략〉 새는 높이 날아다니고/ 무지개 색깔 물들 무렵/ 농부는 따스한 손길로 어루만지며// 풍년이요!/ 흉년이요!〉

농자천하지대본이라!

이연순 시인의 '농사'의 이 시는 누가 봐도 한눈에 확 들어오면서 다정다감한 산골 풍경을 연상케 해 준다.

'씨를 뿌리며 기도하고 어루만지며, 풍년이요! 흉년이요!' 생동감 넘치는 그 농심에는, 시인이 직접 농사에 뛰어든 그대로를 그려냈다. 표현하고자 했던 농심의 여운과 시인의 향기를 부각시켜, 적절한 시심으로 미적 감각까지 살려냈다.

씨앗도 아무 때나 트는 것이 아니다. 적절한 시기와 온도가 맞아야 싹이 나듯, 이 시인의 시상은 산과 바다를 넘나들면서 독자들에게 〈예쁜 꽃을 한 다발씩 선물하는 시인〉으로서의 여유를 가졌다. 그리고 이 시인은 어느 곳에 편중되지 않은 관념을 통해 욕심내지 않고 자연과의 이치를 잘 파악하고 있다. 다시 말해서 자신의 시야에 들어오는 산야의 풍경만 쳐다보면서 시를 쓰는 것이다. 예를 들어 아득하게 무지개 뜨는 먼 산을 동경하지 않는다는 말씀이다.

이 시인은 모습부터가 시인다웠다. 외모가 단정하고 깔끔한 여성으로서 활동량 또한 상당하다. 우리 한내문학 부회장으로 활동하는 이 시인은 직장 다니면서 농사짓고, 살림하면서 단체생활에도 중심역할을 톡톡히 하는 의지력 강한 시인이었다. -〈문학평론가 최양희〉

- 한내문학 시 등단, 신인상 수상
- 사단법인 한내문학 부회장
- 오천면 생활개선 회장
- 방범여성 대장

나무 그늘

이 연 순

쨍쨍 내려쬐는 뜨거운 햇살
더위를 피하여 찾아가는
매미의 쉼터에 오늘은 내가 왔는데

나뭇잎 사이 겹겹이
나풀나풀 춤추는 버들잎
들려오는 매미의 합창
아! 오늘은 최상의 노래

졸 졸 흐르는 계곡물은
어디까지 흘러갈지
나뭇잎에 시 한 수 띄워 보낸다

사탕수수

이 연 순

하늘 보고 묵묵히 자란
사탕수수 한 도막

한 입 베어 먹으면
달콤한 향 입 안 가득

한참을 깨물다
툭 뱉어내면 하얀 속살

누군가를 위해
단 수수가 되면

올 여름 더위라도 저만치
달아나 버리겠네

백 년

이 연 순

천년만년 꽃다운 얼굴
어디로 갔는지

세월아 세월아
골골이 주름진 얼굴

태어나 네 발
걸어 다니던 나이 간데없고

지팡이 짚은 세 발
한심스러운 세월아

저 높은 산
한달음에 가려 했건만

굽이굽이 구불길이
어려워 보이누나

파란 새싹

이 연 순

봄 들판에 파란 새싹이
서로의 얼굴을 본다

녹색 벼 잎
노란 보리

아카시아 꽃잎은 벌써
하얀 향기를 선사하며

따사로운 햇살에
고추밭 노랑나비

이 꽃 저 꽃 웃으며
풍년이라 좋아하네

농 사

이 연 순

땅을 엎고
씨앗 뿌리고 거름을 주며
하늘에게 기도를 한다

바람과 해풍에 견디어
푸른 잎 곱게 자라 꽃 피우고
벗잎과 나비의 사랑이 이루어지면

새는 높이 날아다니고
무지개 색깔 물들 무렵
농부는 따스한 손길로 어루만지며

풍년이요!
흉년이요!

빗소리

이 연 순

하늘에서 떨어지는
이슬비 가랑비 장대비

번개가 번쩍하면
우르르 쾅! 우르르 쾅!
장대비 소리

뭉게구름 먹구름 사이로
천연덕스럽게 내리는
소낙비 소리

내 마음 울적할 땐
바람도 살랑살랑
소리 없이 옷을 적시는
보슬비 소리

아가야

이 연 순

아가야
청명한 눈동자엔
너만의 깨끗함이
어디든 다 들어가도록
맑고 아름답구나

아가야
엄마 손잡고 아장아장
이 세상 첫걸음 내디딜 때
네게도 고집이란 게 있겠지

아가야
파란 하늘처럼
보드라운 솜털처럼
때 묻지 않은 아가야
우리 아가 사랑한단다

장맛비

이 연 순

가뭄에 애타는 맘
타 들어가고
쩍쩍 갈라지는 마른땅

청수 떠 놓고
부처님 찾아가고
하늘에 기도하는데

예고 없던 장맛비
소식 없던 장맛비
매년 찾아왔던 장맛비

하늘엔 이리도 많은 물이 있어
황토물로 온 대지를 휩쓸더니
큰물을 만들며 물바다를 이뤘네

말 한마디

이 연 순

조그마한
말 한마디

작은 소원은
누구를 위하여인가

아주 작지만
커 갈 수 있는 사랑이야기

꽃다발을 선사하며
내가 가진 것 모두 전해주고픈

조그마한 말 한마디에
화알짝 웃는다

자연의 사랑

이 연 순

자연의 사랑
무지갯빛 사랑
서로서로 도와가며
공존하는 사랑이 필요합니다

세월 속에 사라난
산 속의 나무들처럼
서로 공존하며 자라듯
자연스런 사랑이 필요합니다

커피 한잔

이 연 순

그대가 전해주는
따스한 커피 한잔

커피의 향기
그대와 같고

오늘따라 내 가슴에
뜨겁게 와 닿는데

행복한 커피 한잔
세상을 얻은 듯이 마신다

오치인

(시인)

여러 독자에게 감명을 주는 시인

덕을 쌓고 싶어도 그건 아무나 할 수 없는 일, 사람으로 태어나서 덕을 쌓고 사는 것처럼 행복한 것은 없다 하겠다.

그런데, 사업적으로나 사회적으로 헌신하면서 덕을 쌓는 일에 몸으로 실천하는 시인이 바로 여기에 있다.

오치인 시인은 다방면으로 유능한 인사이다 보니 상당히 바쁘게 활동해야 했다. 그런데 그 바쁜 여건 속에서도 붓을 잡았다. 이것도 덕을 쌓는 일에 일종의 하나, 즉- 베푸는 일이기 때문이다. 수많은 독자를 울리고 웃겨가면서 자신의 양식을 아낌없이 퍼주는 일이다. 정말 이러한 보시야말로 덕 쌓는 일이 아닌가? 오 시인은 그래서 붓을 잡았는지는 모른다. 오 시인은 빈틈없이 바쁜 일정 속에서도 붓을 잡고 시상을 풀어냈기에, 지금은 〈여러 독자에게 감명을 주는 시인〉으로 널리 알려지고 있다.

시 본문 〈해망산 = 바닷바람 코끝을 적시며/ 작은 솔밭 길을 거닐면/ 언덕 위의 벚꽃에 취해 보고/ 백구랑 꼬꼬닭을 벗 삼아 친구 되는/ 나의 보금자리 해망산// 솔 향에 취해/ 잠시 휴식에 잠겨보니/ 어느 샌가 내 손에는/ 작은 호미랑 낫을 들고/ 텃밭에 앉아 있는데/ 하략=〉

옛날, 정겹고 풍요롭게 살던 고향 집이 선연하게 보인다.

오 시인의 시세계를 보면, 실체의 관찰력을 통하여 창안된 직유형체의 시를 쓰고 있다. 어떠한 형틀이나 범위에 구애받지 않고, 또 시의 함축에도 치우치지 않으며, 독특한 자아발상으로 기술하고 있다는 점이다. 이제 시인은 한국문학의 한 획을 긋고 넘어갈 시인이 분명하다.

-〈문학평론가 최양희〉

- 보령경찰서 행정발전 위원장
- 보령시 체육회 부회장
- 보령시 사회복지대표 협의체 의장
- 보령시 사회복지 협의회장
- 평화통일정책 자문위원
- 대천5동 주민자치 위원장
- 청용초등학교 총동창회장
- (사)한내문학 시 등단 신인상 수상
- 사단법인 한내문학 회원

이 삭

오 치 인

황금들녘으로 무르익은 들판에
푸르름이 발갛게 물들고
가을 햇살이 좋은 하루
낯익은 벌레소리 귓전을 울리며
씨앗처럼 여무는 그리움으로 다가올 때

땀방울 구슬리며 허리춤 틀어져도
구수한 막걸리 한잔으로
얼굴엔 웃음꽃이 피어나고
올해도 어김없이 찾아온 무서운 태풍에도
내년은 잘되겠지……

아들, 딸 손녀들에게 챙겨주시려
굵은 마디마디 손가락엔
어느새 음식이 한가득
행복한 얼굴엔 행복이 한가득
풍성한 가을을 맞이해 본다

가을사랑

오 치 인

푸른 가을 하늘 속으로 스미는
검게 그을린 얼굴
햇살이 좋아 살짝 찡그리며

설레는 마음으로
사랑스런 가족들을
맞이하러 길을 나선다.

먼 발치 진하게 전해오는
보랏빛 향기가
나의 마음을 움직이고
붉은 향기가
나의 코끝을 건들일 때

그들을 사랑하는 내 마음은
따뜻한 가을 햇살을
한 아름 끌어안은 넉넉한 마음이다.

이런 게 행복이겠지……

노년의 가을

오 치 인

눈부신 이 가을
햇살에 까실까실 옷을 말리고
앞마당의 고추가 윤기를 발할 때

세월은 젊은 새댁을
할머니로 바꾸어 놓았지만
장성한 아들딸들을 보며
그간의 고단함을 달래고
깊어가는 가을 맛에 취해 본다

여물어 가는 이 가을
지난여름에 타오르던 해처럼
힘들던 지난날의 일상이 없었다면
저 산 너머 황금 노을빛이
진정으로 가슴에 와 닿지 않았을 것을

노년의 이 가을
저녁노을에 억새밭을 거닐며
옛 기억의 한잔에
잘 살았구나! 하고 취해 보고

취한 이 가을에

열심히 살았구나! 하고
인생의 한잔에 더 취해 본다.

어부의 노래

오 치 인

육지보다 빠른 바다위의 시간
노다지 땅이라 부르는 황금어장

대문 열고 나서면 넓디넓은 갯벌은
모두 내 것인 양, 갯벌에 살아 숨쉬는
생명의 소리가 정겹다

만선을 기대하고 나선 어부의 출항
기다림의 시간은 길기만 하다

긴 기다림이 끝나고 그물을 걷어 올리는
어부의 초조함이 잠시 침묵을 지킨다

어부는 노래한다
바다가 키운 것 모두
못나고 잘난 것 없이 똑같은 황금이라고!

출렁이는 검푸른 물결사이로
어부의 입가에 유행가 가락 흘러나오고
새벽은 어느새 어부를 향해 밝아오고 있다

행복의 시

오 치 인

아침 햇살이
무거운 나의 눈을 움직이는 날

하룻밤 사이 활짝 웃는 하늘이 고맙고
그 하늘 아래 살포시 고개를 드는
연둣빛 새싹이 어여쁜데

언덕 위 하얀 집
나를 보며 반기는 동물들
유독 나의 손길을 기다리는 그들이 있어

오늘도 난 주름진 두 손으로
그들을 어루만지며
시를 지을 수 있음에 나는 행복하네

나의 보물

오 치 인

눈부시게 푸르른 들녘
밭두렁 아지랑이에서 봄을 만나네

농부보다 먼저 봄을 알아챈
산수유 꽃과 개울가의 버들강아지
따스한 바람이 잰걸음하고
봄 향기가 저만치서 봄 마실 가자 하네

봄볕이 반가운 어느 오후
모이 쪼는 닭들 새 생명을 품고

나물바구니에 봄 언덕 오르는
아낙네들의 정겨운 수다소리에
쑥스러운 민들레 살짝 고개 내미네

무사히 겨울을 이겨낸 새싹들
봄의 들판에서 솟아나는 나의 보물들

봄의 단비

오 치 인

처마 밑 쏟아지는 빗줄기에도
반가움이 있습니다

거우내 앙상한 나뭇가지도
메말라 갈라져버린 논바닥도
단비의 사랑입니다

검게 그을린 농부의 얼굴에
근심 걱정 사라지는 것도
단비 때문입니다

길거리의 잡초도
단비가 없다면
살아갈 수 없을 테니까

봄의 단비는
사랑의 '한내문학' 입니다.

해망산

오 치 인

바닷바람 코끝을 적시며
작은 솔밭 길을 거닐면
언덕 위의 벚꽃에 취해 보고
백구랑 꼬꼬닭을 벗 삼아 친구 되는
나의 보금자리 해망산

솔 향에 취해
잠시 휴식에 잠겨보니
어느 샌가 내 손에는
작은 호미랑 낫을 들고
텃밭에 앉아 있는데

시큰둥 듣는 둥 마는 둥
저 멀리서 울던 뻐꾹새 울음도
오늘은 왠지 마음이 편하네

북적대는 그곳에선 느낄 수 없던
흙냄새 풍기며
쌉싸름한 두릅과 머위나물
봄의 향기에 취할 수 있는
나의 보금자리는 해망산

* 해망산 : 대천바닷가를 바라보고 있는 산

가을 산

오 치 인

마음 뉘일 곳 찾은
어느 작은 산골짜기 계곡
양지바른 바위 봉우리에 앉아
잠시 지나온 세월 낚으며
나는 잠시 쉬고 있는데

하늘이 구름과 만나
허공에 뽀오얀 실선을 그어 내고
낮은 곳으로 향하는 계곡의 물줄기는
내 삶의 고단한 먼지와 마음의 상처까지
씻어 내주는 듯한 풍요로운 가을 산

인생살이 금새 지쳤다가도
사색에 잠기면 언제 그랬냐는 듯
양지바른 봉우리에 앉으니
수수대처럼 산도 물빛도 붉은 이 계곡
내 맘도 붉어지며 편안함에 젖는다

생명이 깃든 자연
자연이 만든 붉은 산
몇 번의 고비를 넘고 넘어
비탈진 내리막길에 육무초 꽃 피듯

우리네 세상도 산을 닮아
우직한 이 능선처럼 살아갔으면……

담쟁이 인생살이

오 치 인

돌담 틈 사이로 담쟁이 잎사귀
소낙비를 뿌리며 요동치는 날
작은 풀벌레의 안식처가 돼주고

비바람 몰아친 여름밤에도
작은 돌멩이 하나 떨어질세라
자신의 온몸으로 감싸 안으며
담을 견디게 해 주더니

억새풀 꽃씨들이 사랑 찾아
고추잠자리 날개 짓 여유롭게
자유로운 세상으로 날아오를 때
담쟁이도 한껏 색동저고리 입었네

담장에서 옷 갈아입은 담쟁이
스산한 바람 눈보라 몰아치니
모든 걸 떨구고 줄기만 남았는데

한탄도 원망도 하고 싶으련만
자식들 꼬옥 안아주시던 맘처럼
연약해 보였지만 강한 어머니

우리네 어머니들처럼
꼭 담쟁이 인생살이 같은 것을……

워낭소리

오 치 인

새참에 드신 취기가 아직 남아 있는데
언덕빼기 쟁기질은 몇 고랑 남겨두고
서녘으로 해는 저물어 가는데

이랴, 이랴!
맘 급해진 소몰이는 다그치지만
몸이 제대로 움직여 주질 않는 소몰이

서산으로 해가 저무니
자식새끼 소리가 들리는 듯
소몰이보다 더 급해지는 어미소

소몰이 나온 김에
바작지게에 쇠꼴을 가득 베려는데
제 보금자리의 자식새끼 울음소리에
쏜살같이 향하는 어미소

소몰이는 걱정도 되지 않은 듯
묵묵히 쇠꼴을 지게에 지고
쟁기 챙기며 뒤쫓아 가는데

점점 더 가까운 집에 다다르니

어미소의 목에 달린 워낭소리가
더더욱 정겹고 따뜻해지는구나

혜우 서경옥

(시인)

표현방법이 순수하고 정겨운 시인

우선 시인은, 시인의 자질과 타고난 재능이 있어야 시인이 된다지만, 그보다 진정한 시인은 인위적으로 되는 게 아니라 천부적으로 타고나야 한다. 노력과 배움으로 시인된다면 이 땅에 시인천지를 이룰 것이다. 시가 언어 상징 표현이라 생각하고, 시적 이미지를 살리기 위하여, 낭만과 추상과 감성을 동원시켜 가며 조립한 시들이 수두룩하다. 이것이 바로 자신이 훌륭한 지식을 갖춘 시인이라는 것을 내보이려는 인간의 욕구 때문이다. 그런데 여기서 문제되는 것은, 시가 어려우면 독자가 멀어지고, 시가 쉬우면 독자와 가까워진다는, 그 사실을 모르고 있는 것이다. 그래서 하는 말인데 여기 서 시인은, 원래부터 타고난 끼를 이제야 살리기 시작했다. 만인들이 가까워질 수 있는, 서경옥 시인의 시는 쉽고도 순수한 시심들이 더 아름다웠던 것이었다.

시 본문 〈추억들 = 마당에 멍석 깔고 누운/ 긴 긴 여름밤의 추억// 쑥 풀로 모깃불 피워/ 매운 연기로 모기 쫓으며// 내 별인 양 세고 또 세보며/ 하늘에 북두칠성 자랑하는// 그대와 추억의 밤은 그렇게/ 세월 앞에 한 자씩 지워가고 있네〉

서서히 가깝게 독자를 끌어당기는 서 시인의 시는, 구석구석 고유적인 인간미를 진솔하게 자아냈다. 추억도 세월 앞에서는 한 자씩 지워져간다는 그 〈표현방법이 순수하고 정겨운 시인〉이다.

언제나 단체생활의 수장으로 일하는 서 시인은 인격 자체가 평범하면서도 은은히 풍겨나는 시인의 정다움이 흘러 넘쳤다.

-〈문학평론가 최양희〉

- 보령시 여성단체 협의회 회장 역임
- 사단법인 대한어머니회 보령시지회 회장 역임
- 사단법인 대한어머니회 충남연합회장
- 사단법인 한내문학 시 등단 신인상 수상
- 13인의 동인집 "성주산울림" 제4호 동인
- 사단법인 한내문학 재무국장

비움이라 하였던가

서 경 옥

힘겨운 인생보따리 지고 가니
힘들다 한풀이 늘어놓네

나의 내면에 소리가 들려온다
나의 양심의 소리일까?

내 마음속에 똬리를 틀고 있는
욕망들의 덩어리를 버린다면

나눔도 배품도 자유도 가벼움에
하늘 향기 훨훨 날아가려나
아름다운 인생 비움이라 하였던가

가을의 정 알밤송이

서 경 옥

마당 뒤꼍에 우뚝 선 밤나무
꾹 깨문 입술 머금고

언제 벌어질까 갸우뚱이
고개 쭉우욱 빼고 바라보네
가을의 여울목 앞에선
무시한 가시옷도 무상하이

쌍둥이 알밤 방긋 사랑하네
성숙의 열매 맺어 가을 양식
성대한 잔치 벌여 흥에 겹네

기 도

서 경 옥

이른 새벽
청정한 마음 담아
정갈하게 찾아가는 길

마곡사의 부처님
자비광명 소원 담아
염불 공양 합장 하는데

매화향기 솔솔
충청 고을에 가득 퍼지니
내 마음 한결 가벼워지네

방 생

서 경 옥

아침안개 모락모락 피어오르는
보령댐 경치가 유난히도 보기 좋은 날
버스는 법복을 입은 보살들을 싣고
웃으며 출발한다

소중한 생명들이 아차하면
돌아오지 못할 곳으로 떠날 것을
방생의 순간 다시 살아나는
생명의 소중함 그 자체였다

스님의 염불소리에
정성이 한데 모여지는 보살님들
발원하며 참회하는 우리 마음을 아는지

미꾸라지와 가물치들 모두
인사라도 하듯 미리 내밀고
살랑살랑 꼬리 저으며
깊은 물속으로 사라져간다

추억들

서 경 옥

마당에 멍석 깔고 누운
긴 긴 여름밤의 추억

쑥 풀로 모깃불 피워
매운 연기로 모기 쫓으며

내 별인 양 세고 또 세보며
하늘에 북두칠성 자랑하는

그대와 추억의 밤은 그렇게
세월 앞에 한 자씩 지워가고 있네

추석 명절

서 경 옥

솔잎향기 맡으며 송편 빚는 날
더도 말고 오늘만 같았으면

남편 송편 넓죽이 주물주물
딸도 없는 아버지

아들 송편 오복이 듬뿍 듬뿍
배불뚝이 대기업 사장님

동서 송편 귀염둥이 딸 자랑
예쁘다는 미스코리아

수영 딸 송편 고물 없는
입대한 이등병 작대기 한 개

송편들의 항언이
떠들썩 시작되었네

가 을

서 경 옥

바람결 따라 갈대의 움직임에
샛노란 은행잎들이 낙화되고

산뜻한 옷으로 갈아입은 산과
풍요로움 가득한 황금 들녘

인생을 살찌게 하는 문턱에서
나는 옷깃을 여미고 가을을 엮는다

친 구

서 경 옥

뜨거운 여름
대천앞바다를 보노라면

수평선 너머에서부터
내 모습이 보이는 듯

검은 피부의 눈망울 초롱초롱
서로 좋아 얼굴 부비며 지내던

추억의 장을 아름답게 나누운
애잔하게 보고 싶은 친구여!

내 마음 한구석에 자리 잡고
내 가슴에 아리게 하는 친구여!
지금은 어디에서 무엇을 하고 지낼까?

기차여행 떠나며

서 경 옥

추억을 그리며
차창 밖의 이슬처럼
수많은 사연을 담은 사람들

설렘 마음속의 부푼 만큼이나
그려지는 수채화의 물감에
추억의 풍경처럼
영상으로 스쳐 지나가는
아름다운 것이 소중한 만남이라면
갈무리하는 마음 그리려하네

그대 사랑입니다
그대의 향기입니다

암자의 노스님

서 경 옥

고즈넉한 암자의
들려오는 풍경소리
점점 타 들어가는 향초 앞에

외로움을 사랑하듯
부처님을 사랑하듯
모든 이의 마음을 사랑하듯

마음의 자비와 생각의 자유
화두를 등짐 배낭에 넣은 채
마음자리 삶의 기도 정진 하시네

가을의 여유

서 경 옥

높다 높다 가을 하늘이라 하였던가
흰구름 뭉실 뭉실 떠 오르고

수놓은 황금 들녘
벼 여무는 알곡들의 속삭임에

흥얼흥얼 농부님네 콧노래 읊네
풍년이라 허수아비 꼬까옷 입고

몸과 마음의 여유 찾아 붉게 물든
가을 단풍 사랑 나눔 찾아가고 싶다

精山 손남수

(시인)

새로운 창작에 몰두하고 있는 시인

타고난 소질에 따라 서로 각각 다르게 성장하는 문인들 중에서도, 우리는 선비를 더 좋아한다는 것은 숨길 수 없는 사실이다. 지금까지 만난 시인들 중에서 점잖은 선비를 알게 된 것 또한, 복행이었다.

그 선비가 바로 손남수 시인인데, 고고한 위치에 꼿꼿한 선비 지조로 참신한 삶을 영위하면서 〈새로운 창작에 몰두하고 있는 시인〉이다.

사람 좋고, 인간성 좋고, 글 좋은 손남수 시인께서는, 언제나 빡빡한 일정 안에서 겸허한 자세로 창작에의 산물을 꾸준히 생산해 내고 있는 중이다.

이미 출판된 저서(著書)도 있었지만, 그 이상의 보석을 계속 생산하면서부터, 독특한 시상을 찾아 시작(詩作)한 시인의 시가 대중 앞에 알려지면서 지금 막- 부상하고 있다.

시 본문 〈장독대 = 가마속 불길 화염에도/ 옹기일 수 있었던 건/ 그대 향한 그리움 때문// 꿈결 속에 고이 다가와/ 정성으로 보듬어 주던/ 시골 아낙의 여린 손길// 〈중략〉 도자기만큼은 못해도/ 투박한 옹기 품 하나로/ 온전히 담아낸 여인의 한이여……〉

편안한 은유적 시의 장독대는 우리들에게 고유의 시풍으로 감동을 주는 메시지가 향토적인 정서를 연상케 하면서 서러웠던 여인의 한까지 적중시켰다.

손 시인의 장점은 어떠한 소재에다 자연스러운 시심을 거리낌 없이 내보이는 선비시인으로서, 사회적으로도 유능한 자질을 갖춘, 크게 성장할 인재임이 틀림없다 하겠다. -〈문학평론가 최양희〉

- 부용초등 · 영동 중 · 영동고등학교 졸업
- 방송통신대학교 경영학과
- 대전대학교 경영 · 행정대학원 석사 졸업(회계학 전공)
- 대전대학교 대학원 박사과정 수료(세무회계 전공)

〈주요 사회 활동〉

- 대전대학교 및 우송정보대학 겸임교수 역임
- 국가기관 · 공사 및 기업 등에 강의 활동
  - 강의 주제 : 세테크 전략, 기업의 성장전략, 조직혁신 방안 등

〈저서 및 논문〉

- CEO의 77가지 비밀(2009년, 삼일 인포마인 출판)
- 이전가격 과세제도의 문제점과 개선방안(석사논문)

〈공직생활 경력〉

- 77년부터 공직생활을 시작하여
- 현) 대전서무서장 재식 중(서기관)
- 사단법인 한내문학 시 등단 신인상 수상
- 사단법인 한내문학 자문위원

거꾸로 보기

精山 손 남 수

깊은 밤 혹독한
번민의 시련은
생의 애착이 있으니

일터로 가는 발길
천근 무게감은
삶의 터전 있으니

오가는 이
까칠한 눈총과 타박엔
손길 기다리는 이 있으니

이루지 못한 성취의 고민엔
열정으로 다다를
도전의 기회 있으니

하소연 담은 술자리 애환은
허락된 건강과
들어줄 벗님 있음 일세

마음 하나 바꾼 건데
샘솟는 자신감에……

코스모스 길

精山 손 남 수

연인들 다정하게
두 손을 맞잡고
사랑을 노래할 때

다소곳한 코스모스
화사한 모습의 너는
사랑의 증인이었네

가을꽃은 오늘을 위해
모진 겨울 추위를 넘고
여름 물 폭탄을 건넜다

연인들 가슴 속 언약은
시련의 과정마저 껴안을
그런 사랑이기를……

해안선

精山 손 남 수

고운 레이스 장식처럼
하늘거리는 바다 물결
혼으로 빚어낸 해안선

어제처럼 만선을 되뇌이며
험한 바닷길 나선 어부의
만선풍어 바라는 생명선

떠돌이 숙명의 겨울 철새
외로이 헤쳐 가는 낯선 길
나 홀로 챙기던 나침반으로

오늘도 서해안 거친 파도는
갯벌과의 밀어를 속삭이며
새로운 희망을 또 그렸네

장독대

精山 손 남 수

가마속 불길 화염에도
옹기일 수 있었던 건
그대 향한 그리움 때문

꿈결 속에 고이 다가와
정성으로 보듬어 주던
시골 아낙의 여린 손길

그 간절함은 정화수로
시집살이엔 독백으로
헤쳐 가던 삶의 무게

도자기만큼은 못해도
투박한 옹기 품 하나로
온전히 담아낸 여인의 한이여……

두 여인

精山 손 남 수

아들이
직장 간다니
잘할까 걱정
학교 간다니
경쟁 걱정
집에 온다니
올 때까지 걱정

어머니의 걱정이어라

남편이
술 먹으니
속 풀이 걱정
일터 나가니
소통 걱정
주말에 집에 가니
안전 걱정

아내의 걱정이어라

한 몸속 두 여인 역
어머니와 아내로

많은 역할 짓눌림도
내색 않는 슈퍼우먼

두 아들의 어머니요
사랑스런 아내이어라

사립문 연정

精山 손 남 수

누구를 그리워하여
네 가슴 활짝 열어
없는 듯 걸쳤느냐

무얼 그리 보고파서
까치발을 들고서는
먼 하늘 훔쳤느냐

그리움이 넘쳐흘러
원망이 되었다면
접을 만도 하건만

미련의 가닥 잡고
외줄 타는 모습은
남모를 연정이어라

동백꽃 설움

精山 손 남 수

시련에 흘린 동백꽃 눈물
뛰어놀던 곳 스산히 피어
심란한 바람에 흩날릴 때

두 눈 가득 영롱함으로
잔잔한 미소 머금은 채
바다를 찬찬히 담던 님

있던 자리 그대로이고
오가는 발길 여전한데
네 열정 찾을 길 없으니

설움 절인 무심한 바다는
통곡으로 한 풀이 하는 듯
거친 파도 소리만 요란하네

나목의 사연

精山 손 남 수

그림자 드리운 채
골똘한 생각에 잠긴
겨울 한복판 나목

알 길 없는 사연에
연민의 정 보듬어
안타까움 나눌 때

간절한 가슴앓이
하늘에 닿았는지
하늘 길이 열렸고

나목 고이 자리한
하얀 송이 외투는
그 겨울 위로였네

낙엽의 소리

精山 손 남 수

먼 산허리 높 바람에
팔랑거리며 날아든 낙엽
전하는 말 뜯어보니

모질었던 그 사연
결마다 핏빛 채운 뜻
여우비로 슬피 울고

우수에 잠긴 소쩍새
불현듯 창공을 가르며
솥적다 울며 복받친 설움

대신 울음에 한 풀어
발그레 웃고 있는
잠결 옅은 미소여!

거 울

精山 손 남 수

설레임에 거울 앞에 앉은 이
만고풍상 온몸으로 맞은 듯
애처로운 얼굴 속 세월의 흔적

포토샵으로 삶을 꾸밀 줄도
흔히 하는 성형도 못 하는
모질고 바보 같은 거울이여

긴 긴 세월 넘으려는 듯
억지 미소 지어 보는 건
늘 그곳에 너 있기 때문……

내가 이런 친구가 된다면

精山 손 남 수

찡한 가슴앓이에 잠 못 드는 이
터질 듯한 울분과 가슴 시린 외로움을
내 눈가 작은 이슬방울로 나누며

삶의 간절함에 애간장 녹이는 이
발 벗고 따라 나서 어깨를 토닥일 적
속정 깊은 맘으로 서로의 손 맞잡고

절망의 나락 방황에 비틀거리는 이
피붙이의 간절함인 양 혼을 담아
한 가닥 삶의 매듭 함께 엮으며

오랜만에 들려온 네 환희와 기쁨엔
제 일인 양 어깨춤 덩실거리며
심장 박동소리 함께 할 수 있다면……

素雲 한경희

(시인)

활발한 시상을 순수로 이끄는 시인

원래부터 천재란 없는 것, 둔재와 천재는 종이 한 장 차이라고. 정말 좋은 시 한 편 출산을 위해서는 출산의 진통이 있어야 한다는데 -

그래서 하는 말인즉, 지금 한경희 시인이 처음엔 정서적인 안식처를 찾기 위해서 시작(詩作)했는데, 지금은 누구보다도 높은 궤도에서 평행선을 타고 창작을 위한 고뇌의 연속이었다.

그러니까 노력한 만큼의 대가성이라고나 할까? 하여간 그 어려운 시적 높은 벽의 실체를 섭렵하려고 애쓰는 정신이야말로 시인들이 본받아야 할 뿐만 아니라, 한 시인의 시세계를 깊이 헤아려 볼 필요가 있다 하겠다. 그리고 지금 한 시인은 그 이상으로써의 〈활발한 시상을 순수로 이끄는 시인〉으로서 누구보다 발 빠른 고고행진을 계속하고 있다는 점을, 여기에서 보여주고 있다.

시 본문 〈박꽃 = 어둠이 내려앉을 이른 저녁/ 초가지붕 위에 새하얀 박꽃// 〈중략〉 순백의 찬란한 황홀함/ 몽롱하게 꿈속을 헤매다가/ 숨 막힌 넋은 이미 소풍 가고// 훨훨 날아간 내 동생 모습 같아/ 아린 가슴 감싸 안으며/ 부신 눈 조용히 감아 보네〉

밤에야 꽃피는 하얀 박꽃을 보노라니, 그 애절한 심사를 달랠 길 없어, 조용히 눈감는, 시인의 마음! 그 자체를 순수로 이어나갔다.

한 시인은 단아하면서도 깔끔한 시를 생산하기 위해서, 부단히 노력했는데, 지금은 정말 예쁘게 치장해 놓은 새색시 같은 작품들을 출산하면서 자신에게도 대견하게 생각하는 것이다.

-〈문학평론가 최양희〉

- 충남 청양군 남양면 출생
- 열린 꽈샤 1급 강사. 한국 1급 웃음 치료사
- 사단법인 한내문학 시 등단 신인상 수상
- 13인의 동인집 "성주산 울린" 제4호 동인
- 한국문인협회 회원
- 사단법인 한내문학 회원
- 덕향 문학회 회원
- 사단법인 한내문학 대전지회장.

울 애기
－축시

한 경 희

인류의 행복함 속에
당당히 하나임을 알리는
아장아장 울 애기

막 피어나는 목련처럼
천지를 소리 없이 환하게
감싸 안는 함박눈처럼

슬픈 이와 아픈 이를 위해
햇살 같은 배려와 사랑을
함께 나눌 수 있는 마음으로

사나운 폭풍우가 몰아쳐도
갑주를 한 개선장군처럼
큰마음 환한 웃음 잃지 말며

빛이 되고 소금 되어
온 세상을 향해 내딛는
행복한 나날이 될지어다

= 첫돌 맞은 손자를 축하하며
2012년 3월 24일 아침에 할머니 씀 =

맏며느리

한 경 희

일도 많고 탈도 많았지만
그래도 보람 있어
행복이었고 축복이었네

생 로 병 사
이것은 누구라도 겪는 법

거대한 우주 앞에
한낱 미물인 우리가
어찌 제 맘대로 살 수 있을까

흐르면 흐르는 대로
쌓이면 쌓이는 대로
우주 속에 묻어 버리면

부끄러울 것도
아쉬울 것도 없는데
왜 그리 수선이었나

이제와 생각하니
슬픔이 행복이었고
억울함이 희망이었던 것을……

백두산 천지

한 경 희

이웃나라 속박의 한(恨)인가
오갈 수 없는 장벽의 슬픔인가

한발도 내딛기 두려웠던 안개 속
후두둑 흩뿌려준 빗줄기와 우박

유월의 겨울은 가히 감당키 어려워
어찌 그리도 베일 속에 가리운 채
드러내고 싶지 않았나?

정상에 오르니
밝은 햇살에 이토록 고요하고
맑은 모습이었구나

넓은 가슴으로 온기 품어
네 위에 떠 있는 하얀 구름처럼
포근한 사랑
내 형제에게 전해다오

= 2007년 6월 천지를 보면서 =

박 꽃

한 경 희

어둠이 내려앉을 이른 저녁
초가지붕 위에 새하얀 박꽃

산들 바람 귓가를 스치며
하얀 나비 같은 날갯짓
춤추는 모습이 아름다워

순백의 찬란한 황홀함
몽롱하게 꿈속을 헤매다가
숨 막힌 넋은 이미 소풍 가고

훨훨 날아간 내 동생 모습 같아
아린 가슴 감싸 안으며
부신 눈 조용히 감아 보네

삶

한 경 희

죽을 만큼 아파 보니
삶의 소중함을 알았습니다

죽을 만큼 아파 보니
우주 만물의 위대함을 알았습니다

죽을 만큼 아파 보니
차창 밖 실바람에 나부끼는
갓 틔운 나뭇잎새의 속삭임도 들립니다

이글거리는 태양의 위로도 들리며
스쳐가는 낯모를 이들의 사랑도 느끼고
똘망똘망 사슴의 눈망울 가진
어린아이의 기도 소리도 들렸습니다

나에게 모두 무관심한 줄 알았는데
너무도 달콤해 삶에 용솟음치며
너무도 따뜻해 언 몸 녹여줍니다

죽을 만큼 아프고 나니
그 동안의 삶이 부질없었음을
이제나마 알 것 같습니다

욕 심

한 경 희

나는 당신의 전부를
다 갖고 싶습니다

즐거워 웃는 모습
아파서 우는 모습
슬퍼서 괴로운 모습
자상하고 따뜻한 모습
차갑고 냉정한 모습
일이 안 풀려 화내는 모습
당신의 그 어떤 모습을
하나도 빠뜨리지 않고
다 갖고 싶습니다

그러나 당신은 나 말고
어머님의 연인이 되어야 하고
형제의 아버지가 되어야 하고
당신을 아는 많은 이들의
애인이 되어야 함을
나는 알고 있기에
당신을 세상에 보내 드립니다

그러나 알뜰한 사랑만은
나 이어야 합니다

친구 (2)

한 경 희

조금은 거친 듯 해도 곱고 여리며
너무 강하여 매정해 보이나
귀여운 고백을 할 줄 아는 친구!

다른 이들의 고통과 힘든 모습도
지나쳐 버리기엔 많이 아파하며
깊은 속 털기 어려워 눈물 삼키는 친구!

내가 삶의 무게에 짓눌려 신음할 때
오십여 년을 한결같은 뜨거운 맘으로
희로애락을 함께 공유하는 친구!

큰 목소리가 남성적으로 보이나
네가 나를 생각하는 마음보다
내가 너를 생각하는 마음이 더 크다고

가끔 작은 한숨 배어 나오면
아! 말하기 힘든 일이 있나 보다 짐작하고
나는 너의 소중함을 느끼고 또 느끼며
이 밤도 그리움에 떨며 너를 불러 본다

친구! 친구야......!

뼈에게

한 경 희

방사선 치료 후
가문 땅 갈라지듯 한 살갗
피 흐르던 그때에도
꿋꿋이 잘 지탱 해 주던 너
아! 이제 지쳐 쓰러졌구나
조용한 아침
고막을 찢어놓던 너의 절규
딱……

쇄골아 미안해
이십 수년을 예쁜 네 모습 꽁꽁 숨기고
이젠 붙일 수도 붙을 수도 없어
침묵해야 하는 네 슬픔
아파하지도 슬퍼하지도 마라
신께서 부르시는 그 순간까지
내가 네 옆에 꼭 있이 줄께……

기후변화

한 경 희

대지엔
찬 서리 내린 것만큼의
싸락눈이 내렸는데
소복한 함박눈은 보이지 않네

아마도 내리려다 그만
몸살을 앓는 모양인가
무지몽매 인간들의 오류로
기후변화가 원인이 되었는가

양지쪽 찔레나무 새순 틔웠으니
우리는 자연에 어찌 속죄할까
소중한 자연을 훔쳐버린 우린
후손들에게 어찌 얼굴 들까

어제도 오늘도 그칠 줄 모르고
내뿜는 희뿌연 매연 속을 뚫고
자동차에 몸을 실은 사람들

아마 내일도 그러하리니
어찌하면 좋을고

어찌하면 좋단 말인고……

= 2011년 겨울 산을 등반 하면서 =

월정사

한 경 희

까치와 함께 벗 삼아
스스로를 땡초라 낮추는 스님

오신 불자들에게
함박웃음 건네주는 고추

아직 땅바닥에 붙어
절절히 구애하는 오이

아욱과 익모초의 연주에
사르르 춤을 추며
촉촉한 눈인사 하는 감 잎새

각자의 사연에 멍든 마음들
작은 법당의 정숙한 향연에
밝은 웃음 희망 열리네

지하철

한 경 희

서 있는 사람
앉아 있는 사람
모두가 손에는 휴대 전화

무슨 사연들이
그리 많은지
얼굴 붉히며 고함지르는 사람

오랜만의 소식에
반가워 웃고 떠드는 사람
달콤한 사랑을 속삭이는 사람

각양각색의 숱한 사연들을
지하철은 말없이 실어 나른다

신승환

(시인)

소재의 핵심을 빨리 포착하는 시인

복잡한 사람이나 들뜬 사람들도, 읽고 쓰는 취미를 가졌다면, 그는 정서적으로 안정된 삶을 누릴 수 있는 사람이다.

그런데 안정된 시간을 누릴 수 있다 해도, 자신의 끼를 챙겨주는 상대가 있어야 재능을 발휘할 수 있는 법이다. 시를 쓴다는 것 또한, 함께 어울릴 동료가 있어야 홍겨운 삶을 함께 영위할 수 있는 일이다.

그래서 모두 함께하는 시인들로 하여금 행복할 때가 한두 번이 아니었다. 그중에서도 묵묵히 창작에의 발로를 넓혀가면서 차분히 시를 쓰고 있는 신승환 시인을 시를 접하면서, 필자는 다시 한번 경의를 표하게 됐다.

시 본문 〈너를 = 눈빛만으로도/ 꽃보다 아름답게 여겨// 네가 상할까/ 아끼어 보았거늘// 봄바람에 피지도 못하고/ 하늘거리며 떨어지니// 고운 눈물에 띄워/ 바다에 띄워 보내주리〉

사진작가는 좋은 작품 하나 건지기 위해서 먼 여행을 자주 다니고, 시인들도 잠깐잠깐 떠오른 시상을 놓치지 않으려고 그때 메모하는 습성이 있다. 그것은 바로 시상은 아무 때나 떠오르지 않기 때문이다.

그런데 여기 신 시인은 정말 누구보다 시감이 예리했다. 가장 가까운 곳에서부터 느껴오는 〈소재의 핵심을 빨리 포착하는 시인〉이었다. 그리하여 거기에서 얻어진 운석을 빨리 옥석으로 만든 다음, 세상 밖으로 당당하게 내놓을 수 있는 여유를 가졌다. 이렇게 신 시인은 어느 한순간에 눈부신 발전을 거듭하고 있었던 것이다.

-〈문학평론가 최양희〉

- 전북 군산 출생
- 원광대학교 전기공학과 졸업
- (주)한국 중부발전((전)한국전력) 보령화력본부 재직
- (사)한내문학 시 신인상 수상
- (현)한내문학 회원
- (사)한국문인협회 회원
- 13인 동인집 〈성주산 울림〉 3호 수록
- 〈한국시 대사전〉 시 수록

쪽배에 실린 편지

신 승 환

별도 없는 밤인데
하늘에 하얀 쪽배 걸려
미풍 따라 움직이며
님에게 간다기에
마음의 편지 실어 보내네

하늘은 넓으니
바람만 조금 바뀌어도
갈 곳 모르지만
내 마음은 이리 기쁜 것은

돌아 돌아
님에게 실려 가는 마음의 편지

낯선 산책

신 승 환

삶의 수레가 잠시 멈추어진
겨울 어느 한낮에
당신과 나의 동산에 와 있습니다

눈 모자 살짝 눌러쓴
빨간 장미가
살짝 반기며 웃어 줍니다

나도 살짝 매일 혼자 걸었던
내가 만든 사색의 산책로에 초대된
당신에게서 낯선 향기를 맡습니다

함박 눈꽃은 천천히 내리며
대지에 입 맞추고 녹아 스미는데
우리 사이엔 정적만이 흐릅니다

내 너를

신 승 환

너의 가슴은 수정처럼 맑아 보이나
너의 영혼을 잘 볼 수 없어
내 너를 보는 것이 기쁘지 아니하노라

너의 가슴은 따뜻해 보이나
너의 영혼이 슬퍼 보여
내 너를 보는 것이 기쁘지 아니하노라

너의 가슴은 사랑으로 가득 차 있는 것 같으나
너의 영혼을 사랑하지 않는 듯하여
내 너를 보는 것이 기쁘지 아니하노라

너를 보는 것이 이리 슬프니
내 너를 보는 것이 기쁘지 아니하노라

슬픈 나무

신 승 환

너는 가슴이 슬픈 나무
메마른 가슴에 자라나
뿌리가 말라버린 슬픈 나무여

너는 영혼이 외로운 나무
돌봐 줄 이 아무도 없이
벙어리가 된 외로운 나무여

너는 사랑이 목마른 나무
심장이 잘리어
사랑의 마음을 잃어버린 가련한 나무여

너는 열정으로 땀나는 나무
그 열정의 사슬에 묶인
불운의 운명에 떠는 나무여……

너 를

신 승 환

눈빛만으로도
꽃보다 아름답게 여겨

네가 상할까
아끼어 보았거늘

봄바람에 피지도 못하고
하늘거리며 떨어지니

고운 눈물에 띄워
바다에 띄워 보내주리

영원이

신 승 환

봄 바다에 지는 노을이
하늘과 바다에 꽃핀
구름 사이를 수놓은 수채화를
가슴속에 그리었다면
순간이 영원이 될 수 있을까

이글거리는 촛불로
순간을 영원히 기억하기 위해
가슴에 그린 그림이
세월 속에서 바래여 없어져도
그린 이의 혼이 숨 쉬고 있다면
순간이 영원이 될 수 있을까

기억의 끝점으로 달리다
우리들의 이야기를
영혼만으로 보이는
돌 위에 그리어 놓는다면
순간이 영원이 될 수 있을까

우 문

신 승 환

얼어붙은 심장을
촛불에 녹이다
몸이 불타고 있는데

세상이 너의 것이냐
세상이 나의 것이냐

물어 보았구나

당신을 보내며

신 승 환

하늘에 녹아들어
바람결에 전해 오던
당신의 향기도 사라져
이제 당신과 함께할
현실도 미래도 없어졌지만

바람에 하늘로 날리며
잠시 나를 바라보던 당신은
허공에 알지 못하는 이야기를 써놓고
빛을 따라 사라졌습니다

당신을 잊지 않으려
뺨에 흘러내리는 눈물을 닦으며
당신과 함께 했던
우리 사랑의 발자국을 보고 있어

구름과 비와 바람과 태양이
우리 사랑의 추억마저도
서서히 지울 수 있음을 알지만

어깨에 숨겨 있던 당신 날개가
봄바람에 나풀거리며

눈부신 햇살에 너무 반짝여
당신 손을 놓아 주었습니다
당신이 떠날 것을 알았지만……

바람의 노래

신 승 환

이름 없이
세상을 떠도는 것도
슬프지 아니 하구나

무명의 골짜기에서
잠시 머물다 떠나도
슬프지 아니 하구나

나뭇가지에 찢기며
소리 내다 사라지는 것도
슬프지 아니 하구나

눈

신 승 환

천사 날개 달고
소리 없이 날면서

나무에 앉으니
매화로 피어나고

가슴 아픔
언 땅의 솜이불 되었네

아침 태양을 보다가
소리도 내지 않고
눈물 흘리며 스미는구나

비 내리면

신 승 환

늦여름 장마로
하늘은 세수 하고

산은 푸른 새 옷을 입고
방긋 방긋

산꼭대기 흰 구름
몽실 몽실

하늘나라 무지개
산을 감싸 안네

菊亭 최옥순

(시인)

다채로운 올림과 향기를 지닌 시인

진정한 시인은 정말 조용하다.

그냥 묵묵히 시상에 잠겨 있을 뿐이다. 이러한 시인에게는 목표의식이 또렷하다. 그러니까 진정한 시인은 창작에만 자신을 바친다.

그런데 이와는 반대로 대부분의 시인들은 각종 모임과 행사장에 쫓아다니면서 "내가 시인이다!" 하고 외쳐대고 있다. 지금 이것이 문학계의 실체이자 이 사회의 현실이었다.

그런데, 여기 누구보다도 조용한 문인으로 현세에 출현했다. 그가 바로 최옥순 시인이다. 내가 아는 시인들 중에서도, 서예와 그림과 시를 쓰는, 다방면으로 뛰어난 정말 보기 드문 최 시인은 그야말로 창작을 위해 자신을 조용히 바치는 시인이었다.

시 본문 〈가을 소야곡 = 갈바람/ 부는 밤/ 불빛 사이로/ 흘러 나오는 세레나데/ 피었다 지는 꽃향기에/ 빈 가슴 채우고/ 누군가/ 구겨 넣지 못한 꿈으로/ 외로워하고/ 별들의 속삭임에/ 빛바랜 고목이 될지라도/뻗쳐 오른 꿈 은빛 날개짓으로/ 비상하는 새 되어 흔들어 깨우리.〉

최 시인은 겸손하고도 정숙한 이미지로 하여금 주위사람들로부터 많은 갈채를 받아오고 있다. 그가 앞서 말한 바와 같이 활동성이 많아서가 아니다. '들국화 향기'라는 시집을 출간하면서부터 독자들이 모여들기 시작했던 것이다.

이미 최 시인은 여류시인으로서 많은 이들의 머릿속에 기억되고 있는, 문학계의 중견시인으로 〈다채로운 올림과 향기를 지닌 시인〉으로 높이 평가받고 있는 중이다. -〈문학평론가 최양희〉

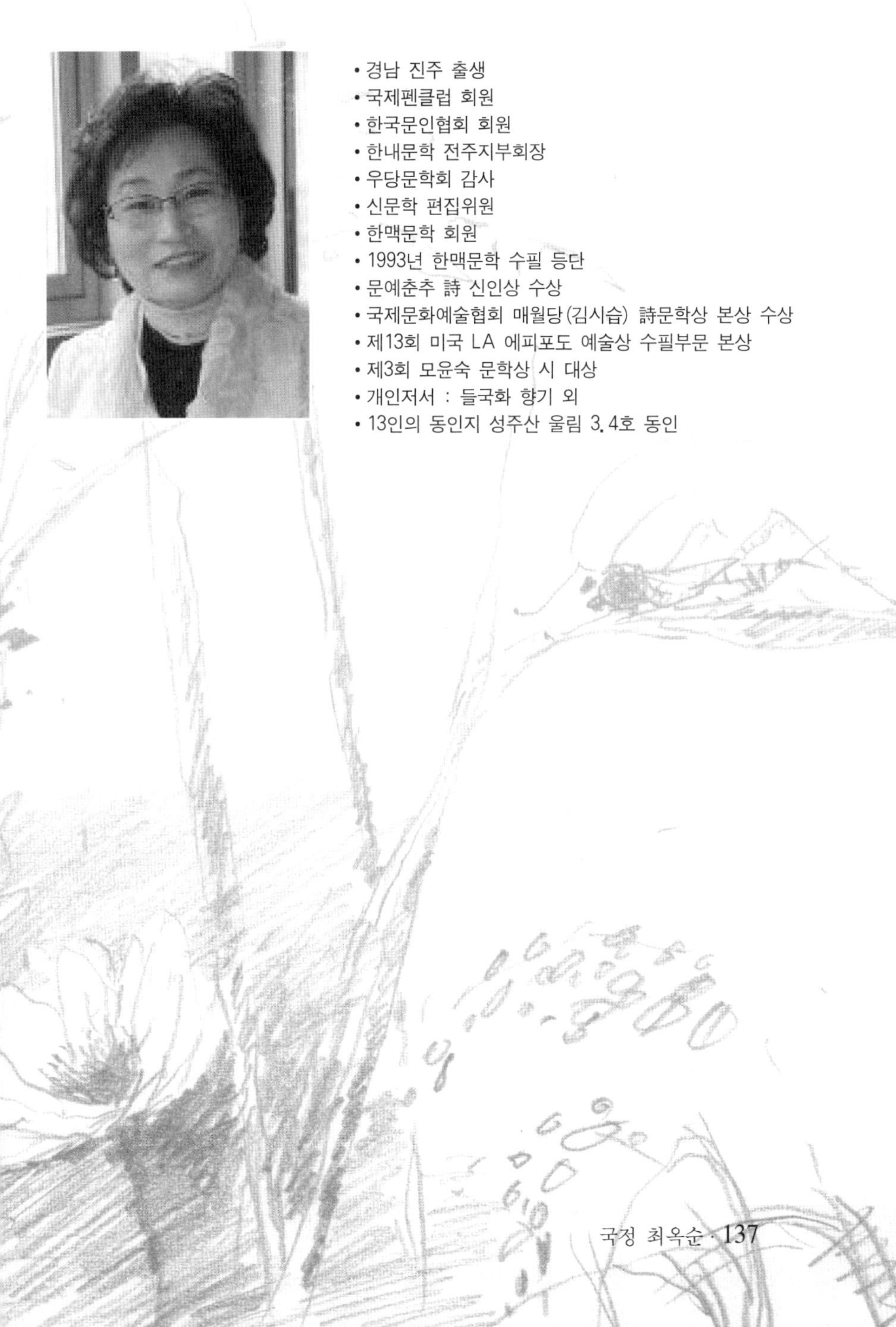

- 경남 진주 출생
- 국제펜클럽 회원
- 한국문인협회 회원
- 한내문학 전주지부회장
- 우당문학회 감사
- 신문학 편집위원
- 한맥문학 회원
- 1993년 한맥문학 수필 등단
- 문예춘추 詩 신인상 수상
- 국제문화예술협회 매월당(김시습) 詩문학상 본상 수상
- 제13회 미국 LA 에피포도 예술상 수필부문 본상
- 제3회 모윤숙 문학상 시 대상
- 개인저서 : 들국화 향기 외
- 13인의 동인지 성주산 울림 3.4호 동인

가을은 어디쯤 오고 있을까

최 옥 순

뙤약볕에 타 버릴 것만 같은 살갗
무섭게 달구어간다
점점 높아져 가는 매미 소리에
파란 모습에서 벗어나
붉은 옷으로 익어가는 사과
진 보라색으로 익어가는 포도송이
몸을 데워 성품이 익고
인격이 무르익어 고개 숙인 열매로
말없이 여름을 씻어낸다
바람아!
숨이 막힐 것만 열기 속에
가을 꿈을 안고
속삭이며 밤이 그리운 날
부드러운 목소리로 이름을 불러주오
사랑이 그리워질 때
가을이 그리워질 때
가을 국화꽃 사랑으로 피게 하려무나

9월이 오는 소리

최 옥 순

부드러운
산골짜기
흔들어 깨우는 소리가 있다

거침없이
흐르는 물줄기
무엇을 주저하리오.

마음의 참 자유는
흐르는 물길 따라 흐른다

이끼 낀 바위 등 뒤에 앉아
풀잎에 젖은 이슬로
세수한 다람쥐 가을 사랑으로 다가오고

산속 향 내음에 심원 유연해져
숨 쉴 때마다 부푼 가슴은
조화 이룬 공허한 자연에 잠겨버린다.

가을 빗소리

최 옥 순

높고 낮음 이어준 만남
바라볼수록 무응답으로
찻잔 속을 들여다본다

똑똑 떨어지는 빗소리에
바라볼수록 아픈 사랑
솔바람 빛이로다

연둣빛 나뭇잎 하나 둘
그리움 피사체로 변할 때
화석처럼 굳어버린 바윗돌이 되고

보랏빛 향기로 핀 가을꽃에
숲 속 작은 이야기 울림은
붓으로 그려진 마음의 그림이로다

가을 소야곡

최 옥 순

갈바람
부는 밤
불빛 사이로
흘러 나오는 세레나데
피었다 지는 꽃향기에
빈 가슴 채우고
누군가
구겨 넣지 못한 꿈으로
외로워하고
별들의 속삭임에
빛바랜 고목이 될지라도
뻗쳐 오른 꿈 은빛 날개깃으로
비상하는 새 되어 흔들어 깨우리.

거금도 사랑이여

최 옥 순

일렁이는 파도여!
푸르고 푸른 몸짓으로
아름다운 별빛으로 다가와
은빛 옷으로 갈아입고
춤추는 거금도이어라

손이 짧아 닿지 못하나
눈으로 당신의 매력에 푹 빠져봅니다
마음으로 건져 올린 은빛 물결에
당신의 생명체 앞에 사랑의 이름으로
남겨 둔 첫사랑입니다

출렁이며
살포시 고운 목소리로 파도칠 때
뜨거운 사랑으로 태양도 덩달아
바닷속에 빠져 몸을 씻고
다시 붉은 태양의 옷으로
당신 곁에 있습니다

아름다운 거금도여!
당신이 노래할 때
잔잔한 미소로

내 마음속에 부드럽게 흘러내린
금빛으로 당신을 맞이하렵니다.

땀 섞은 혼이여 (1)

최 옥 순

그리움 대신 거센 물결은
가만있지를 않고
호국 애수 하늘에 닿아
먹구름으로 변해 버린
명량대첩 날개를 펴다
울돌목!
소리에 잠 못 이룬 고독함이여!
긴 한숨이 봄비에
나른히 젖은 동백 꽃잎에
꿈틀거리며 정적을 깨워
숨 죽인 꽃잎과 같이 흐른다
임의 흔적을 어디에서 찾으랴
다시 떠 오르는 그리움 그대로인데
임은 철갑 옷 동상이련가
일깨워준 영원한 혼
딛고 일어서 걸으라 하네

땀 섞은 혼이여 (2)

최 옥 순

울돌목 앞에서 흐르는 물결은 예나 지금이나 다를 바가 없고
그때 그 시절 이순신 장군은 보이지 않지만 고뇌와 외로움
호국의 정신은 가는 곳마다 혼이 서려 있다

단단한 철갑 옷을 입은 동상 앞에서 말하지 않아도
깊은 의미가 있는 곳을 다시 방문하여 잠시나마
고개를 숙이며 먼 그 시대를 상상해 본다

어떤 시어로 무슨 말을 해야 할지 고민하다
임의 충정에 그만 부족함을 드러내고
짧은 시 한 편을 남겨 본다

봉숭아

최 옥 순

빗소리에 떠는 잎
파란 잎 한잎 두잎 따
닳고 닳은 손톱 발톱에 얹혀 놓고

하얀 비닐로 돌돌 말아 무명실로 꼭꼭 묶어
열 손가락 비닐 옷 입은 하얀 이야기
마주보고 웃고 또 웃는 온화한 얼굴
가슴속에 헤어진 이야기 그림자 찾아 나선다.

물씬 풍기는 그리움
냉장고 속에서 끄집어 낸 사랑
불러 세우는 이름 있으니
그 이름 바로 어머니라.
 빨갛게 물든 그리움
가슴을 쓸어내릴 때
죽을 것만 같았는데
지나고 나면 아무것도 아님을!

흰 꽃잎은 내 곁을 떠나고
또 다른 꽃잎으로
내 앞에 흠뻑 젖은 애달픈 사랑
아득한 메아리 소리는
넋이 되어 남아 있구나.

6 · 25 고이 잠들다

최 옥 순

아직도
깨진 보도블록 사이에
젊음을 바친 민족의 혼
샘물처럼 고여 있는 듯
작은 비석에 새겨진 그대 이름이여!

꺼지지 않는 혼불
나라 위에 태양처럼 환하게 비친 그 자리
말없이 흔들리는 태극기를 본다

긴장 속에 대처하는 영토
총소리로 가득 메우고
칠흑 같은 어둠을 보낸 시간
아직도 끝나지 아니한가?

우리는 아픔 딛고
짓밟힌 흔적 위에
서로 힘을 모아 일어났으며
지금도 평화를 위해
그대 이름 앞에 부끄럽지 않은 얼굴로
현재 미래 하나 된 모습이 아닌가?

부여 百花亭에서

최 옥 순

百花亭에 올라서니
삼천궁녀 웃음소리 고요하게 들리고
낭떠러지 몸을 던진 강물이 무서워라

송홧가루 날리며 다가온 솔바람
노란 색동옷처럼 다가온다.
말굽 소리에 여인의 처절한 심경
어디에 호소하랴

찢기고 짓밟힌 흔적은
누가 대신 말을 하는가.
백마강 침묵은 예나 다를 바 없이
눈만 깜박거리며 멍하니 바라본다.

꽃잎 떨어져 세워진 자리
닳고 닳은 白花亭 모서리 숱한 사람의 자국은
강물에 휩쓸려 어디로 갔는지
깊은 아픔이 서려 아직도 남아 있는 넋이여

서러워 마오.
돌고 도는 꽃 다시 피어
밝은 영혼으로 활짝 피우지 않으리까?

능소화 사랑

최 옥 순

산과 담 사이에 두고
짙푸른 넝쿨 꽃이여
그리움은 긴 목이 되어
애절함으로 변해 버린 혼이어라

오늘따라
주홍빛으로 피어난 꽃잎에
내 마음 그곳에……
움푹 파인 발자국자리
그리움은 사랑 꽃으로
빗물 되어 고여 있다.

푸르고 푸른 숲 사이
송광사 담벼락은
깊은 인연 비켜가고
경내에 풍기는 그윽한 향내음
그대 사랑 빗물 되어 흐르고 흘러
구석구석 묻어나는 향기 이슬되어 날아간다

정윤 신현숙

(시인)

독자들로부터 환송 받는 여류시인

이미 오래전부터 마련된 한내문학의 무대는, 여러 사람들이 노래하고 춤추며 한바탕 놀다 갈 수 있는 공간이었다.

그러나 무대가 아무리 좋다 해도 배우는 연기를 잘해야 인정을 받는 법, 무대에 오른 가수는 대중을 위한 가창력이 요구된다. 제 아무리 화려한 무대라 할지라도, 타고난 소질과 감각 없는 연출은 청중들을 떠나게 만든다. 무대 턱이 높은 문학세계에는 더욱 그렇다. 그만큼 독특한 시상과 영적인 감성이 요구된다는 것을 말하고 싶은 거다.

그런데 그 누구보다도 뛰어난 가창력으로 청중을 휘어잡은 신현숙 시인은, 바로 자기 자신이 서 있는 무대를 정숙하게 만들고 거기에 조명 빛까지 뿌리면서 열연하고 있다.

현대 감각의 미학을 교묘하게 살려 내면서 거기에 타고난 시상까지 전파시키는 신현숙 시인은 〈독자들로부터 환송을 받는 여류시인〉으로 이미 소문나 있었던 것이다.

시 본문 〈인생 향기 = 밝은 얼굴 티 없는 미소/ 따뜻한 가슴을 가진 그대// 천상의 꽃이련가/ 그 향기 지상에 내리니// 모든 이 미소 머금고/ 향기 맞으려 가슴 조이건만// 걸어온 길이 서로 다르니/ 그 온정에 감동물결 출렁이네〉

위 시 한 편만 봐도 그렇다.

인생의 향기란 온정도 있고 향기도 있고, 기다림도 있는데 서로 이해하는 미덕의 감동물결을 이룬다는 이 시만 보더라도, 이미 높은 수준에 올라섰다. 그래서 신 시인이 연기한 그 무대가 더욱 빛났던 것이다.

-〈문학평론가 최양희〉

- 보령시 민족통일 여성협의회 회장 역임
- 평화대사 사무차장
- 시민경찰감사
- 사회복지 6기 회장
- 공주대 산업대 17기 부회장
- 사단법인 한내문학 시 등단 신인상 수상
- 사단법인 한내문학 부회장
- 〈한국시 대사전〉에 수록

비 오는 날

신 현 숙

주루룩 주루룩
비 오는 날이면
내 마음속엔 추억이 내리네

눈을 뜨면 저 멀리서
눈을 감으면 곁으로 다가와
이 마음 적시우네

조용히 내리는 빗줄기
그리움 매달리어 오르락 내리락
거센 빗줄기 근심 걱정 담아오네

어머니

신 현 숙

님은 가셨다
아주 멀리 머얼~ 리

눈시울 적시우고
남기고 가신 흔적들

주고받은 사연들
가슴 깊숙이 파고드네

영원할 것만 같았던 세월도
무정하게 손을 놓아버렸다

님은 가셨다
모두 놓으시고
다시 못 오실 그 먼 곳으로……

인생 향기

신 현 숙

밝은 얼굴 티 없는 미소
따뜻한 가슴을 가진 그대

천상의 꽃이련가
그 향기 지상에 내리니

모든 이 미소 머금고
향기 맞으려 가슴 조이건만

걸어온 길이 서로 다르니
그 온정에 감동물결 출렁이네

큰 배

신 현 숙

지구는
우리들의 큰 배

가~ 끔 거친 파도를 만나면
출~ 렁 출~ 렁

파도를 일게 하는 것은 바람이요
바람을 멈추게 하는 것은 바로 우리

평화의 배를 항해하는 이는
당신과 나

봄의 꽃

신 현 숙

커다란 공간 속에
이 소리 저 소리

부서지고
떨어지고
터져가는데

철없는 봄의 꽃들은
타는 가슴을 위로해 주듯
활짝 웃고 있구나

풍경소리

신 현 숙

마음을 후비는
적막한 깊은 산속

문턱에 들어설 때
울려 퍼지는 그 소리

온몸을 휘저으며
이 마음 촉촉이 적시우네

세 상

신 현 숙

세상은 알고 있다.
당신과 나를

세상은 보고 있다
우리의 삶을

세상은 심판 한다
옳고 그름을……

가 을

신 현 숙

따가운 햇살 먹으며
살찌어가는 오곡백과

자기 몸 태우며
열매 낳으니

주인님 흥겨워
거두어 가고

온 세상 풍년가
울려 퍼지네

내 탓

신 현 숙

누구를 원망하랴
무엇을 탓하랴
내가 있기에 생긴 것을

나는 누구인가
무엇을 하고 있는가
무엇을 했던가

세상이 있기에 내가 있고
내가 있기에 일들이 있으니
이 모두가 내 탓인 것을……

세 월

신 현 숙

온 누리가 비에 젖어
표정 없는 날

물 소리
뭍 소리
울음소리

세상이 시끄러워도
뒤돌아보지 않고 가는 세월

새싹 날 때면 움터 주고
꽃피울 땐 활짝 피워

토실토실한 열매 주어
풍요롭게 해주는 당신은
내 인생의 동반자

동 행

신 현 숙

이 마음 사로잡는
맑은 눈빛
밝은 미소

나를 잡아주는
부드러운 손
따뜻한 손길

가벼운 발길
부지런한 발걸음
우리 모두 다 함께……

청송 이정석

(시인)

좋은 시를 생산해 내는 시인

좋은 시는 우주에서 나온다.

시가 바로 우주이기 때문이다. 끝이 안 보이는 우주세계라? 참으로 어려운 주문이다. 그럼 좋은 시를 쓰기 위해서는 우주의 영적계시를 받아야 한단 말인가? 그럼 어떻게? 깊은 명상에 잠기다 보면 어느 한 순간에 번뜩 - 하면서 와 닿는 그 무엇인가가 있지 않을까?

지금 엉뚱한 말 하고 있지만, 필자는 이정석 시인을 만나면서 묘한 생각을 해 본 적이 있다. 왜냐면 남다르게 예견이 빠르고 우주의 영적인 계시를 받으며 시를 쓰지 않나 하고 생각했기 때문이리라.

하여간 필자는 그런 점에서 영감으로 통하는 이 시인을 더 좋아했는지 모른다. 사실 이 시인의 시 속에 깊은 심상과 영적감홍이 흐르고 있었음을 느꼈다. 다시 말해서 깊은 사색의 심령에서부터 시를 잉태시켰던 것이다.

시 본문 〈님의 영상 = 석양의 붉은 노을 속에/ 밀려오는 님의 영상// 안타까운 소용돌이 속에/ 맴돌다 멀리멀리 사라진다// 희미해지는 어둠 속에/ 애틋한 모습의 고운 님의 영상// 단절된 안타까움이 쌓이고/ 보고 싶은 마음 짙어지는 얼굴// 내 마음속에 곱게 아로새기며/ 빛나는 별빛 같은 채색을 하련다〉

한 편의 시를 쓰더라도 이와 같이 개성이 또렷한 〈좋은 시를 생산해 내는 시인〉이다. 시상의 발화점이 바로 영적계시의 일환이라 하겠다.

필자가 왜 그리 생각하냐면, 그는 훌륭한 선비정신을 겸비하고 있는, 시인다운 인격과 사고와, 청정한 정신으로 결집되어 있기 때문이다.

-〈문학평론가 최양희〉

- 충북 괴산 칠성 출생
- '문예사조' 시부문 신인 문학상 수상 등단
- 제7회 바다문예대전 시부문 수상/ 제8회 시조부문 수상
- 2010자랑스러운 한국인 대상 문학예술부문 대상 수상
- 2011년 재경칠성면민회 공로상 수상
- 한국문인협회 회원/ 시인과문학 시문작가/ 한국문예사조협회 회원/ 한국바다문인협회 회원(감사)/ 충북괴산문인협회 회원
- 서라벌문인협회 회원 (감사)/ 사단법인 한내문학 회원
- 문학세계문인협회 회원
- (공저)시집: '내 허락없이 아프지도 마' '강물위에 띄운 편지'
- '솔숲에 일렁이는 바람 소리' 사화집, '마음으로 가는 길. 동인집(공) '전남매일신문 아침을 여는 시 발표, 서라벌문인 동인지 2호 문학의 뜨락(공저)
- 시화집 '시와 그림이 있는 풍경(공저)
- 방송출연: 스카이 방송 R-TV(채널531번) 시인의 뜨락 출연
- 라디오 서울코리아 방송 자작시 낭송 출연

환생의 꽃으로

이 정 석

애끓은 절박한 난세 속에
님들의 우국충절의 위용만은
어둡던 역사 속에 길이 남아
찬란한 등불되어 빛나네

옷깃을 여미고 님의 영정에 향 사를 때
님의 영혼 내 몸에 스미어
고개 떨구게 하네

미련 남은 애국정신 간직한 채
무궁화 꽃의 붉은 넋으로 피어
조국 땅 곱고 아름답게 물들이는구나

오늘도 위대한 임들의 구국일념은
우리의 뜨거운 혈전 속에 남아
환생의 꽃으로 영원히 피어 남으리

찰옥수수

이 정 석

내 고향 괴산에서
보내준 찰옥수수

고운 치아 드러내고
환히 웃는 내 친구여

네가 준
하모니카로
망향가를 부르리

님의 영상

이 정 석

석양의 붉은 노을 속에
밀려오는 님의 영상

안타까운 소용돌이 속에
맴돌다 멀리멀리 사라진다

희미해지는 어둠 속에
애틋한 모습의 고운 님의 영상

단절된 안타까움이 쌓이고
보고 싶은 마음 짙어지는 얼굴

내 마음속에 곱게 아로새기며
빛나는 별빛 같은 채색을 하련다

동 행

이 정 석

자음과 모음 합쳐
한 문장 소리 되듯

당신과 손잡으니
못할 일 무엇이랴

포옹 속
행복 저축하며
오순도순 살아요

지팡이

이 정 석

우리 아버지 외출하실 때마다
챙겨 드시던 지팡이 친구
아버지 다니시는 길이라면
힘든 길 거부하는 법 없이 동행했으니
못난 자식보다 열배 백배로 소중한 너였지

우리 아버지 너를 의지하며
삶의 큰 언덕길을 넘을 수 있었고
너를 만나 두배 세배의 기쁨을 누리며 살았는데
이제 우리 아버지 몸져 누워오니
부러운 눈길로 너 바라다볼 수밖에

너는 지금도 변함없는 자세로
궁금한 밖에 세상 나들이 가자고
보채며 기다리고 있건만
우리 아버지는 너와 단둘이 손잡고
언제나 나들이 길 즐기실지
기약이 없구나……

호 박

이 정 석

너 심어 놓고
온갖 정성 다해 잘 키우다 말고
네 꽃은 꽃도 아니라고 빈정거렸더니
나 싫다 등 돌리고 도망간 어느 날
꽃 피우고 벌 나비 불륜 속에
못난 자식 하나 생겼지

그래도 자식인지라
덩굴손 걸어주고 키우며
그놈 참 못 생겼다고
비난만을 일삼던 어느 날
두리둥실 만삭이 된 너를 보곤
홍조 띤 웃음소리로 말을 한다

그놈 참
맛있게 잘도 생겼네! 라고

쪽빛 그리움

이 정 석

창 밖에 내리는 빗방울처럼
보고 싶은 그대가 다가왔으면 좋겠네

울 밑에 봉선화처럼
웃는 얼굴로 다가왔으면 좋겠네

밤 하늘에 어둠 밝히는 달빛으로
나를 찾아왔으면 참 좋겠네

맨 처음 우리가 만났던 그 모습
맑은 눈동자로 타는 촛불을 바라보며
애처로워하던 그대

이제 멀리하고 보니
모든 것이 예쁘게만 그려지는 모습
한 발짝 앞으로 다가왔으면 좋겠네

연 화

이 정 석

큰 하늘 방석 깔고 앉자
세상 부러운 것 하나 없이 피어나
교태한 맵시를 마음껏 뽐내며
한 몸에 찬사 받는 너

어여쁜 꽃을 피우기 위해
울렁이는 멀미 같은 고통
삶과 죽음을 넘는 갈림길에서
소용돌이 위험천만한 역경
모두 이겨 내느라 얼마나 힘들었을까

발밑 썩는 진흙 같은 속내를
드러내지 못한 채로
마냥 즐겁게 웃는 네 마음

구김살 하나 없이 방긋 웃는
예쁘기가 극치에 달한 너는
겉과 속이 완전히 다른
새침떼기 꽃이어라

농 심

이 정 석

거칠고 사나운 동장군 큰소리에
숨죽여 지내던 목련 나무
기지개 용기 속에 반기 들고
봄 오는 길 등불 밝혔네

재롱둥이 개나리도
샛노란 꽃망울 맺고
꼭꼭 숨겼던 봄 이야기하고 싶어
안달하는 모습 정겹구나

양지쪽엔 아지랑이 응원 속에
민들레꽃도 피어 활짝 웃건만
진작 서둘러야 할 복사꽃은
늦장 떨며 미동도 않는 너를 보니
정말 답답하구나

내 너무 급한 마음에
나무 밑동에 구덩이 깊게 파고
거름 한 삽을 더 넣어주며
어서 꽃 피우라고
윽박지르며 서둘 수밖에 없구나

허와 실

이 정 석

소라껍질 귀대면
파도소리 들리지만

소금에 귀대면
파도 소리 안 들리네

허와 실
난무한 세상
누굴 믿고 살까나……

가방 끈 짧은 나

이 정 석

어느 사람이 나를 보고
가방 끈이 짧은 시인이라고
나는 그 사람을 만나기 위해
끈이 긴 가방을 메고
약속장소 가기 위해 전철 타는데
여러 사람들 사이에 끼어 고생했고
전철 문에까지 걸리는
위험천만한 수모까지 겪었다네

남들이야 가방 끈 길면
모두가 정말 좋아할지 몰라도
내만은 가방 끈 길어 봤자
아무데도 쓸모가 없고
활동하는데 불편하기 짝이 없는
거추장스러울 뿐인지라
평소 가방 끈 짧은 내가
편하다는 걸 알았다네

덕향 **배윤희**

(시인)

산삼 같은 영양을 주고 있는 시인

책이 사람을 만든다는 말처럼, 책에 나온 시는 모든 독자들을 행복하게 만들어 주고 있다. 시는 잠시 동안이라도 인간의 희로애락의 공간성을 순환시키는 촉진제 역할을 해 왔다.

여기 배윤희 시인의 시가 바로 수많은 독자들로부터 감명을 주면서, 이 메마른 땅을 촉촉하게 적시며 광활한 지역까지 정서의 안식공간을 형성시키는, 일종의 산삼 같은 영양을 주고 있다. 그래서 독자와 쉽게 교감할 수 있는 진솔한 표현으로 시인의 진폭을 넓혀 나갔기 때문에, 이미 한국문단에 잘 알려진 여류시인으로 손꼽는다.

다시 말해서 산삼주는 언제 마셔도 기분 좋게 취하면서 행복으로 이끌어나간다. 배 시인의 시에는 보이지 않는 곳에서도 이렇게 은은히 산삼 냄새가 나고 있는 것이다.

시 전문 〈짝사랑 (1) = 가을이 주는 그리움은/ 여름내 뜨겁게 달궜던 심장을/ 사르르 눈 녹듯 녹이고/ 영글지 못한 내 가슴에/ 또 다른 고독만 남긴 채/ 바람에 헹군 듯 사라진다/ 오늘 해가 저물었다고/ 해야 할 일이 끝난 것은 아니다/ 그대 향한 나의 짝사랑은/ 내일도 계속 될 테니……〉

앞서 말한 바와 같이 위 시가 바로 이런 점이다. 메마르게 살아가는 우리네 삶속에서도, 희망을 부여해 주는, 배 시인의 짝사랑 같은, 아직 끝나지 않은 내일은 계속되지 않겠는가?

은유로 표현한 서정적 메아리는 독자 모두에게 여전히 신선한 영양제로 흡수될 것을 믿어 의심치 않는다. -〈문학평론가 최양희〉

- 사단법인 월간 한울文學 시부문 신인상 등단
- 대한민국 사단법인 문화예술교류진흥회 회원
- 사단법인 문화예술유권자총연합회 회원
- 사단법인 한국한울문인협회 회원
- 한내문학 2011년 문학상 본상 수상
- 한국문인협회 회원, 월간문학 2011년 6월호 시 수록
- 한국명시선 발간위원회 100인의 시선집에 시 수록
- 〈한국시 대사전〉 시 수록
- 공저시집 '징검다리, 하늘빛 풍경, 내 가슴에 너를 부를 때 외 다수
- 동인지 ' 성주산 울림 1, 2, 3, 4호 수록
- 현)한내문학 이사, 편집국장

짝사랑 (1)

배 윤 희

가을이 주는 그리움은
여름내 뜨겁게 달궜던 심장을
사르르 눈 녹듯 녹이고
영글지 못한 내 가슴에
또 다른 고독만 남긴 채
바람에 헹군 듯 사라진다
오늘 해가 저물었다고
해야 할 일이 끝난 것은 아니다
그대 향한 나의 짝사랑은
내일도 계속 될 테니……

짝사랑 (2)

배 윤 희

살그머니 다가
왔다가

조용히 사라지는 게
사랑

퍽퍽한 가슴에
불만 지펴놓고

야속하게
숨어버린 그대는

짝사랑의
부작용!

유혹 (1)

배 윤 희

님이시여! 내가 뭐라 했습니까

저 달은 항상 나를
따라다닌다 하지 않았습니까

세월의 무게에 눌려 난 이렇게 늙는데
저놈의 달은
늙지도 않나 봅니다

들숨 속으로 들어온 달이
무엇인가 오가며
잘박 잘박 담금질하더니

어느 샌가
또 졸졸 따라 다닙니다

님이시여! 저 달을 어찌하오리까

그래서
미치도록 밝은 달빛 아래
애먼 하늘만
올려다 봅니다

유혹 (2)

배 윤 희

님의 향기를 온몸으로
느끼며

땀이 흠뻑 적시도록
그대를 품습니다

내 입술이
그대에게 닿으면 그대는

속열이 더 차오르도록
내 안에
숨어듭니다

더디 피는 봄꽃이
붉게 불타듯

오늘은 그대 향기보다
가슴으로

한 잔의 차를
음미할래요

유혹 (3)

배 윤 희

바람이 흔들어
줄 때는

그대를 원하고
있나니

바람을 무시하지
말아라

말없이 머물다
허락없이
떠나는 게
바람

그저 함께 방황하다
떠나는
언저리에서

잠시 흔들릴
뿐이다

순애(純愛)

배 윤 희

색이 일렁이다 먼저 봄을 기다리는
그대여

어찌하여 그대는 약지를 못하는가

작년 꼭 이맘때쯤
꽃봉오리
피워내는

그 틀을 벗어나지 못하고

봄의 전령 역할을
마다 않고
전하면서

애타게 기다리던 봄이 오면
얼마 누리지도 못하고
지고 마는

애석하고 짠한 그대여

그러나 그 향기가

아득할 정도로
짙다

내 청춘이여

배 윤 희

때때로 나도 안개이고 싶다

오늘보다 어제가 청춘이듯
어제보다 오늘이 더
성숙해지고 싶다

세상의 삶이 나에게 순리라 하더라도
나는 그리움이
아직도 아프다

누가 알겠는가

낡은 책상 속에 발가벗은
내 청춘이
벌서고 있을지

그러나 내가 움직이고 있는 한
아직도 가야 할 길이
있다는 거

한바탕 꿈을 꾸고는
봄 여름 가을 겨울이

또
지나가겠지

사 색

배 윤 희

사계절은 어김없이 돌아오지만
남아 있는
계절 향에
나는 늘 허덕인다

채울 수 없는 그리움과
끝없는 기다림

그리고
꽉 쥐고 있던 것들이
솔솔 새어나가는
그 공허감

세월이 가면 모든 것이
잊혀져 가지
그것이 인생이라고들 하지

끝내 손 내밀지
못한 채

인생의 예방주사를
맞았는데도

삶은 아직도
쓰리다

꽃바람

배 윤 희

바람이라고 다 바람인가

산들바람 돌개바람
많고 많은 바람 중에

꽃바람이 네게 안긴다

도대체 어디서 불어오는 바람인가……

보채지 않아도 봄은 오고
꽃은 핀다

그리고 바람도 인다

인생마디

배 윤 희

저 너머 정적을 깨고 들려오는
기적소리

그곳에는
아무것도 없었고

그곳에는
모두가 다 있었다

없음도 있음도 세월이 가면
다 지나가리라

마디마디
추억이 이랬노라
이명처럼 들려주는
인생마디

내가 오늘도
살고 있는 이유는

세월은 가지만
사랑은
아직 남아 있다는……

꽃 중의 꽃(花王)

배 윤 희

길고 긴 기다림의 꽃
목단꽃

꽃잎이 다 피기까지는
한나절 걸린다는
목단꽃

가지 끝에 한 송이씩 피는
지조의
목단꽃

꽃잎은 비단처럼
반질반질
어머니 이마 닮은
꽃

해마다 고향 봄 뜨락에는
어머니의 꽃
목단이
피어 있었지!

無影 홍성수

(시인)

순수한 문향의 빛을 발산하는 시인

하늘과 땅, 그 공간은 빛의 시작이다.

시간과 공간, 그 모든 것도 양상을 이룬 빛과 색으로 일체감을 이뤄낸다. 끝이 없는 고차원적 색의 시작은 영적차원에 출발하여 무에서 유를 창조하면서 또 하나의 빛을 발산하는 것이다. 자신의 에너지를 태워서 빛을 만들기 위해 고뇌하면서 시를 쓰고, 발표하고, 책을 내면서 새로운 빛을 창조하는 작가들이 얼마나 많은가?

앞에 말한 바와 같이 그 수많은 문인들 중에서도 유독, 자신의 정열을 태워 문향의 빛으로 다가서서 모든 독자 가슴에 불 밝혀주고, 아름다운 서정의 이미지를 전달하는, 그러한 진정한 작가가 바로 여기 홍성수 시인이라는 점을 시사하고 싶은 것이다.

홍 시인은 이미 한국문단에 널리 알려진 여류시인이다. 홍 시인의 활발한 시작활동을 명증할 수 있는 처녀시집 "나도 한번 소리 내어 울고 싶다"에 이어, 제2시집 "천일의 숨소리"를 출간하면서 그 찬란한 빛을 동서남북으로 발산하고 있는 것이다.

시 전문 〈선비 혼 = 세상 풍파 너울대며/ 뒤흔들고 겁박해 와도// 심장 하나 달랑 믿고/ 바다를 유영하는 해파리처럼// 잔잔한 침묵 속의/ 선비 심장은 뜨겁게 뛰며// 꺼지지 않는 생명력/ 문향의 향기는 영생의 불씨// 서서히 홀씨처럼 번지는/ 아름다운 꽃이여 혼불이여.......〉

보석 같은 시는 이렇게 빛으로 남는다. 기발한 시상이 아름다운 꽃이 피고, 꺼지지 않는 영생의 불을 밝혀준다. 여기 홍성수 시인은 자신의 순수한 문향의 빛을 끝임 없이 발산하는, 정말 보기 드문 시인이었다.

-〈문학평론가 최양희〉

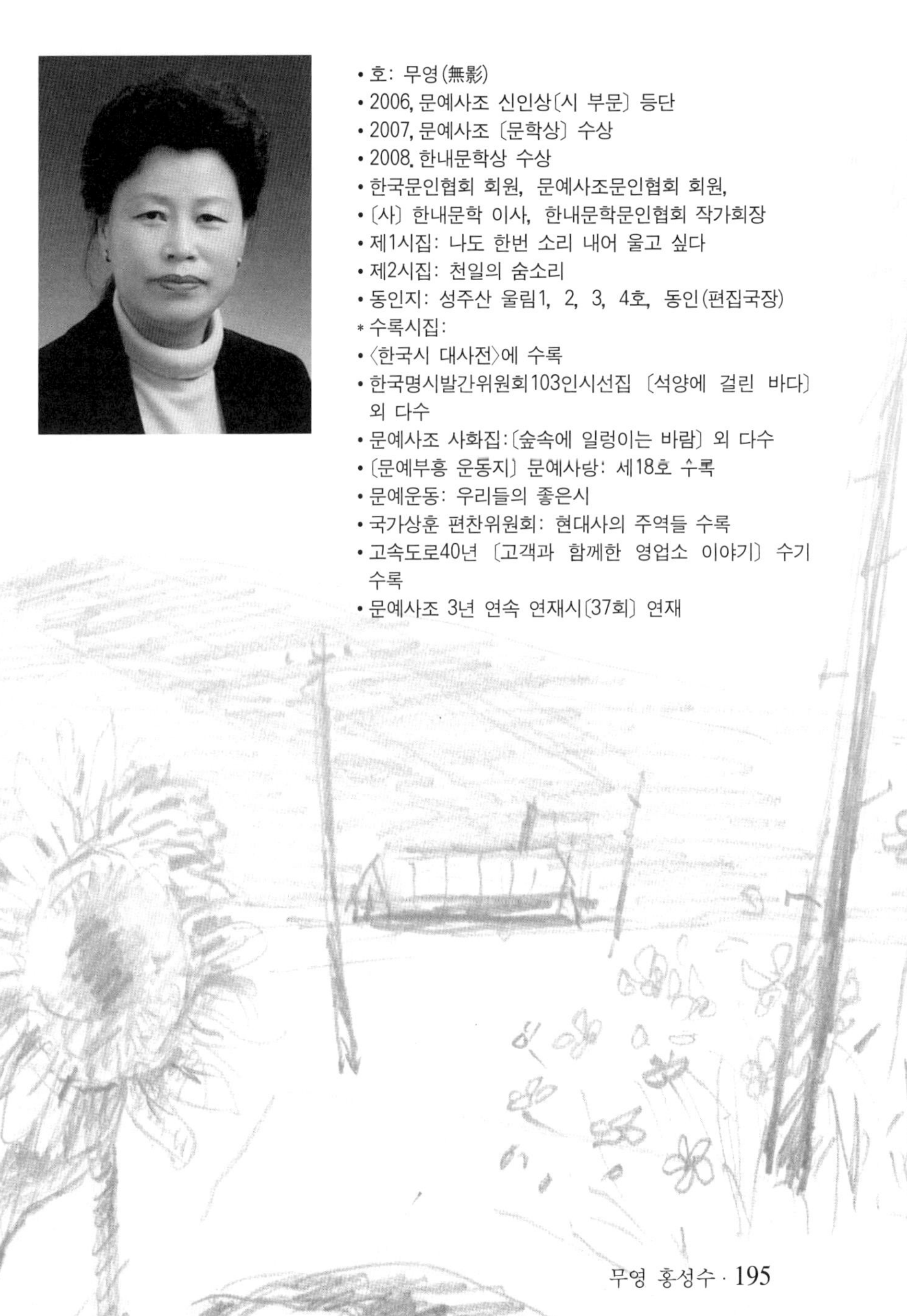

- 호: 무영(無影)
- 2006, 문예사조 신인상〔시 부문〕 등단
- 2007, 문예사조 〔문학상〕 수상
- 2008. 한내문학상 수상
- 한국문인협회 회원, 문예사조문인협회 회원,
- 〔사〕 한내문학 이사, 한내문학문인협회 작가회장
- 제1시집: 나도 한번 소리 내어 울고 싶다
- 제2시집: 천일의 숨소리
- 동인지: 성주산 울림1, 2, 3, 4호, 동인(편집국장)

* 수록시집:

- 〈한국시 대사전〉에 수록
- 한국명시발간위원회103인시선집 〔석양에 걸린 바다〕 외 다수
- 문예사조 사화집:〔숲속에 일렁이는 바람〕 외 다수
- 〔문예부흥 운동지〕 문예사랑: 세18호 수록
- 문예운동: 우리들의 좋은시
- 국가상훈 편찬위원회: 현대사의 주역들 수록
- 고속도로40년 〔고객과 함께한 영업소 이야기〕 수기 수록
- 문예사조 3년 연속 연재시〔37회〕 연재

선비 혼

홍 성 수

세상 풍파 너울대며
뒤흔들고 겁박해 와도

심장 하나 달랑 믿고
바다를 유영하는 해파리처럼

잔잔한 침묵 속의
선비 심장은 뜨겁게 뛰며

꺼지지 않는 생명력
문향의 향기는 영생의 불씨

서서히 홀씨처럼 번지는
아름다운 꽃이여 혼불이여……

가 족

홍 성 수

불꽃을 지피지 않아도
훈훈한 훈기가 피어오르고

보이는 끈은 없어도
맴도는 핏줄의 힘 원심력

같이 있지 않아도
가슴 중앙에 자리 잡고 있고

멀리 떨어져 있어도
포근한 이불처럼 품어주는 가족

신성한 사랑 속에서 피어난
뜨거운 열정 속에서 태어난
세상에서 가장 단단한 울타리

통일이여

홍 성 수

통일이여 아침에 떠오르는
태양처럼 찬란하게 오소서

동산의 솔바람처럼
고요히 우리 곁에 다가와

언제나 그랬다는 듯
다정한 님처럼 살포시 얼싸안고

우리 모두 한마음으로
행복의 노래 부르게 하소서

백두산에서 한라산까지
강강수월래 춤과 노랫소리
널리 울려 퍼지게 하소서!

우리는 하나

홍 성 수

있는 듯
없는 듯
떠도는 공기처럼
그대 안에 머물러

들 숨 날 숨
내 안을 이어도는
무형의 존재이고 싶다

따스하게 흐르는
실핏줄 따라
그대 속에 유형하며

잠시라도
나 없인 숨이 막혀 버릴 듯
갈망하는 산소가 되고 싶다

능선에 맞바람에
간간히 나를 뿜어 내보내도
다시 끌어안아 하나가 되는……

술친구

홍 성 수

말없이 오가는 술잔
아무런 대화도 필요 없는 듯

서로의 깊은 애수에 젖어
침묵 속에 간간히 나누는 눈길

흐느적거리며 흘러나오는
옛 노랫소리에 마음의 빗장을 풀며

고뇌에 실타래 시나브로
술잔에 휘저어 툭 털어 마시고

우린 술잔만 나누었어도
마음의 응어리 다 풀어 마셨다네

여름밤의 추억

홍 성 수

쑥 향기 모락모락 퍼지는 마당
밀대방석에 온가족 얼키설키 누워

진한 땀내 솔솔 풍기는
아버지의 구수한 옛이야기 들으면서

옥수수 감자 담긴 소쿠리에 둘러앉아
어머니의 푸근한 손길을 바라보며

북두칠성의 저 별이 이만큼 오면
쌀밥을 먹을 수 있다고 말씀하시던

가난 속에서도 정겹고 행복하던
나의 유년 시절의 아련한 그리움

모르겠네

홍 성 수

겉모습 새까만
까마귀라 해도
속은 흰지도 모르지

겉모습 새하얀
백조라 하지만
속은 새까만지 알 수 없는 일

낟알들이나
주워 먹고 사는 참새
바라는 것은 오직 하나

그저 더도 덜도 말고
저 넓은 들판에
낟알이 풍성하기만을……

실 직

홍 성 수

알 수 없는 그리움이
밀물같이 밀려와 가슴이 떨려오고

이유 모를 외로움이
안개처럼 덮쳐 와 시야가 아물거리며

가슴엔 돌덩이가 매달린 듯
무겁고 답답해져 오는 것은

이별을 앞두고
투명하지 못한 미래의 두려움과

새로이 다가오는 앞날을
가야 하는 제2의 인생길 때문인가

내 고운 사랑아

홍 성 수

저 높고 고귀한 별에서
꿈을 품고 내게 온 아가야
네 가는 걸음걸음마다
밝고 아름다운 세상이 되며

시냇물 잔잔하게 흐르면
산새 노랫소리 아름답고
길가 작은 풀잎들도 춤추며
한들한들 손사래로 환영하는

그런 세상 함께 바라보며
세상은 참 아름다운 것이라고
언제나 그렇게 말할 수 있는
참되고 행복한 인생이 되어라

내 곱디고운 사랑 아가야

석양 길

홍 성 수

태양도 힘을 잃는 석양 길
차마 다 태우지 못한 욕망
하릴없이 떨어져 내리는 잔재들

보령호 드넓은 가슴으로
뚝뚝 떨어지는 해 나락을
한 아름 치마폭에 쓸어 담고

들녘에 해바라기 하던
수목들은 크거나 작거나
떠나가는 해 그림자를 늘이며

시나브로 다가오는 어둠과
따스하던 님과의 이별 앞에
쉬이 놓아주지 않으려는구나

바닷가에서

홍 성 수

바닷가에 홀로 앉아
해풍에 마음을 널어놓고
깊은 시름에 잠겨 있으니

파도는 사그락 철썩~
바쁘게 오선지를 그리어
멋진 연주로 나를 환영하고

끼룩 끼루룩 갈매기들
노래와 황홀한 춤사위로
하늘과 바다를 보라 하니

불현듯 날아든 꽃씨 하나
내 마음에 살포시 자리 잡으며
아름다운 희망의 꽃 피우자 하네

병철 최양희

(시인)

행복한 우리들의 출산

= 소중한 우리들의 책속에 머물면서 =

아무도 찾을 수 없는 지상낙원
바람도 불지 않는 아득한 바다
베일에 가리어진 높은 늪지대에
나는 최고의 영상에 머물렀습니다.

찬란하고 아름다운 이 나라에는
어여쁜 꽃과 맑은 강과 묘한 산
좋은 음악과 흥겨움이 어우러진
서정들이 모인 화려한 잔치입니다.

세상에서 가장 보람 있는 시간들
내 영혼은 진실한 시혼들과 만나
금속들이 속삭인 울림소리 들으며
행복한 우리들의 출산에 울었습니다.

2012년 10월 4일

= 우리의 작품들을 마지막 정리하면서 =

- 월간 문예사조 04년 詩, 05년 小說, 06년 評論 등단, 신인상 수상
- 08년 "한국을 빛낸 사람들" 시 수록/ 09년 "자랑스런 한국인" 시 수록
- 문예사조15회 본상 수상. 한국민족문학 우수상 수상
- 명예문학박사.
- 단편소설: 지관과 명당. 호랑이 황팔도. 지옥과 천당 외
- 제1시집 2005년 "최양희의 사모곡"
- 제2시집 2010년 "당신의 세계"
- 〈한국시 대사전〉 시 수록
- 13인의 동인문집 '성주산 울림' 제1, 2, 3, 4호 동인, 발행인.
- 한국명시 101인 4회 동인. 문예사조 사화집 5회 동인
- 초등생백일장 2곳 제4회 개최 심사위원장.
  〈꿈나무들〉 제4회 편집 발행
- 한국문인협회 회원. 문예사조문인협회 회원. 국제펜클럽 회원
- 2006, 07, 08, 09, 10, 11, 12년 한내문학 이사장, 발행인

당신세계 (3)

최 양 희

아무도 알 수 없는
고요한 리듬 타고
터져 있는 길을 걸어갑니다

오르지 한 생각
주변 보지도 않고
하늘만 보고 따라갑니다

서서히 좁혀진
아슬 아슬한 길목
그때 당신을 보았습니다

상상을 초월한 기쁨
확 - 들어오는 당신세계
너무 밝고 아름다웠습니다

금낭화

최 양 희

돌계단 넘어
잔잔한 공간에
밝은 미소 머금고

은은한 자태
감출 수 없는 순정
신비롭게 핀 금낭화

새로운 메시지
가슴에 파고들어
사랑의 혼불 지핀다

둥 지

최 양 희

둥지를 뒤로하고
언제 새가 떠났는지

사랑 키워가며
정성껏 지어 놓고
어디로 떠나갔을까?

주인 잃은 둥지는
낙엽만 수북이 담고

둥지 떠난 새는
미운 님처럼
또 다른 사랑 마련하겠지……

옥련암(玉蓮庵)

최 양 희

당신 떠난 빈자리
산바람도 고요한
텅 빈 암자에
주인 잃은 흔적들

끔찍이도 위하시던
영험한 부처님
백팔 배를 올리던
구슬픈 모습

인적 소리 향내마저
멈춰진 경내
회한 서린 눈물이
고여 있는 듯

당신의 체취
구석구석 묻어나는데
그리운 당신 모습
어디에도 없습니다.

= 옥련암에서 =

무 상

최 양 희

연약한 날갯짓으로
추위를 몰아내던 나비가
들꽃 사랑에 눈뜨면서
새로운 세상이 열리더이다.

산야를 주름잡고
맘껏 노래하던 매미는
언제 어디로 떠나갔는지
푸른 숲도 금방 물들더이다

어느덧 낙엽 지고
추위를 몰고 온 눈바람은
앙상한 나뭇가지를 울리며
인생의 무료함을 전하더이다

비 밀

최 양 희

한 번만이라도
귀를 열어 주시오
비밀얘기 할 수 있도록

한 번이라도
팔을 벌려 주시오
그대에게 안길 수 있도록

한 번만이라도
눈을 감아 주시오
그대에게 입맞출 수 있도록

그리고 한 번만
조용히 눈 떠보시오
내 눈에 무엇이 있는가를……

눈물 꽃

최 양 희

아름답고 가녀린
그 눈물 꽃
보기조차도 아까워

밤이슬 맞고도
그 고운 향기
티 없이 밝은 모습

날 밝으면
사라질까 두려워
내 속에 감춰주고 싶다

안개 속

최 양 희

신기하다
안개꽃들이

황홀하다
혼자 있는 것이

야릇하다
이 안에 있는 내가

그런데 궁금한 건
내가 지금 어디에 있을까?

서낭당

최 양 희

눈물 뿌리며
벗 삼던 서낭당

고갯마루 팽나무에
홀연히 걸터앉은 초승달

흩어지는 낙엽
끝도 없는 적막감

돌베개 의지하며
달빛 이불 삼는데

산바람은 고요를 깨며
발끝까지 저리게 합니다

농심 (2)

- 1975년도, 큰 가뭄에서 -

최 양 희

물 없어 때 놓친
조급해지는 농심들

서러움 참고 견뎌 낸
한(恨) 서린 못자리판

힘이 없는 몸매에
누렇게 뜬 얼굴들

갈라진 천수답에
소낙비 쏟아지니

흙탕 물 논에서
호적 호적 웃고 있네

고추밭

최 양 희

흙 묻은 이마엔
땀으로 얼룩지고

검붉은 고추마대에
세월 묻는 큰 형수

솔바람 부는 밭가에
쏟아지는 알밤들

대궁 꺾인 옥수수
이리 흔들~ 저리 흔들~

홀로 가을 엮으며
고추이랑 품어버린
형수님 모습……

14인 동인회원 연락망

김영종	010-9675-1077 e-mail : vosej2133@hanmail.net 보령시 궁촌동 341-5 서해개발 (주)
김춘희	011-202-2483 e-mail : zx098098@hanmail.net 충남 부여군 부여읍 구아리 162-11번지
이연순	010-8937-5716 e-mail : kjj2898@naver.com 보령시 오천면 오포 2리 626-1번지
오치인	011-454-8738 e-mail : qhfud8502@daum.net 보령시 명천동 정유스카이A 102동 1103호
서경옥	010-9365-3754 e-mail :a9327755@hanmail.net 보령시 대천동 210- 2번지 대천현대파크
손남수	010-3193-2442 e-mail : som8403@naver.com 대전 서구 복수동 초록마을계룡A 308동 1702호
한경희	010-7353-2011 e-mail : chkh500@hanmail.net 대전광역시 유성구 노은동 517-2번지 203호
신승환	010-9377-5666 e-mail : top-of-gun@hanmail.net 보령시 죽정동 한전A 201동 504호
최옥순	010-0368-6387 e-mail: choisoon12@hanmail.net 전북 전주시 완산구 효자동1가 418 효자동 현대A 103동 305호
신현숙	010-6423-3502 e-mail : bx3502@hanmail.net 보령시 명천동 주공 3차A 309동 504호
이정석	017-709-3495 e-mail : lc05033@hanmail.net 경기도 오산시 서동125-1번지 신동아 1차A 102동 1403호
배윤희	010-5056-5303 e-mail : yunhee9625@hanmail.net 보령시 죽정동 성지리벨루스A 105동 801호
홍성수	010-5438-3083 e-mail : doden2081@hanmail.net 보령시 명천동 명천주공 4차A 313동 405호
최양희	010-3341-2268 e-mail : cyh2268@hanmail.net 보령시 죽정동 유성 1차A 110동 505호

편집 후기

* 유난히도 극심했던 태풍!

그 태풍 바람에 바다도 울고, 들판도 울고, 산천도 울며, 사람들도 많이 울어야 했습니다. 이 무서운 대자연의 위력을 체험하고 실감한 현실 앞에서도, 우리들은 어떠한 고난에도 울지 않는 강한 의지로, 태풍보다 더 위력 있는 '성주산 울림'을 탄생시키게 됐습니다.

* 출생지와 시인도 다 각각!

전국 각지의 시인들이 시 제목과 소재와 스타일도 다 다른데, 어쩌면 한맘 한뜻으로 이번의 동인시집에 합류했다는 그 자체가 커다란 버팀목입니다. 헌데 이보다 더 중요한 것은, 동인시인들의 개성들이 제각각인데 비하여, 우리 시인들은 '성주산 울림' 속에 한목소리로 통일됐다는 데 더 큰 의미를 갖습니다.

* 이번에 참여하지 못한 동인들 모두 -

지금까지 같은 맘으로 여기까지 걸어왔기에 서운한 마음 금할 수 없지만, 다행히 함께 동참하는 신진 시인들로 하여금 그 본뜻을 잃지 않고 '성주산 울림'이란 이 소리가 더 멀리 펴져 나간다는 생각에 위안을 삼습니다.

* 항시 한결같은 마음으로 -

한내문학에 중추 시인으로 묵묵히 일하는 배윤희 편집국장님과, 본지 발행에 최선을 다하는 최양희 이사장님께 감사드리며, 그리고 한가족처럼 본지 출판에 힘쓰신 '을지출판공사' 윤해규 대표님과 직원들께 고마운 말씀 전합니다.

-편집주간 무영 홍성수

14인의 동인집

성주산 울림 제5호

초판 발행 2012년 10월 12일

지 은 이 | 14인의 동인
발 행 인 | 최 양 희
편집국장 | 배 윤 희
편집주간 | 홍 성 수

발 행 처 | 도서출판 한내문학

등록번호 | 제451-2009-1호
등록일자 | 2009년 8월 21일
주　　소 | 충남 보령시 궁촌동 341-5
우편번호 | 355-060
전　　화 | 041) 936-0037
E-mail:cyh2268@hanmail.net

제작처 | 을지출판공사
전　화 | 02) 334-4050 · 4090

값 15,000원

* 잘못된 책은 바꿔 드립니다

ISBN 978-89-963109-5-2　　03810